Ernst Müller

Literarisches Rheinland

NYLAND STIFTUNG

Nyland Dokumente Bd. 17
herausgegeben im Auftrag der Nyland-Stiftung, Köln,
von Walter Gödden

Ernst Müller
Literarisches Rheinland.

Bücher der Nyland-Stiftung, Köln, Hg. Walter Gödden
in der Edition Virgines

EDITION VIRGINES

© 2018 Nyland-Stiftung, Köln
www.nyland.de | nyland@nyland.de

1. Auflage Düsseldorf 2018

COVERGESTALTUNG

Georg Aehling

FOTOGRAFIE AUTOR

privat

DRUCK UND BINDUNG

docupoint

ISBN 978-3-944011-86-8

Autor und Verlag danken dem Verlag tvd für die freundliche Gewährung der Abdruckrechte des Gedichts auf S. 105 und Frau Christiane Huesch-von Aprath für die freundliche Gewährung der Abdruckrechte des Gedichts auf S. 104.

Inhalt

Vorwort
des Autors   7

Rüdesheim   9
Clemens Brentano (1778-1842)
und die Rheinmärchen

St. Goar   21
Ferdinand Freiligrath (1810-1876)
und die Lyrik der Revolution

Köln   33
Heinrich Böll (1917-1985)
und die Poesie des Gegenwärtigen

Köln   51
Georg Weerth (1822-1856)
und der literarische Sozialismus

Kaiserswerth   60
Friedrich Spee (1591-1635)
und die geistliche Dichtung

Düsseldorf   70
Heinrich Heine (1797-1856)
und die Freiheit als Lebensform

Düsseldorf   83
Karl Immermann (1796-1840)
und die epigonale Zwischenzeit

Düsseldorf 96
Friedrich Heinrich Jacobi (1743-1819)
und der klassische Musenhof

Moers 103
Hanns Dieter Hüsch (1925-2005)
und die Ironie des Menschenschlags

Viersen 112
Albert Vigoleis Thelen (1903-1989)
und das Lebensgefühl der Emigration

Kempen 122
Thomas a Kempis (1379/80-1471)
und sein Weltbestseller der Innerlichkeit

Bedburg-Hau 132
Schloss Moyland
im Fadenkreuz von Politik und Literatur

Xanten 140
Ein Anonymus (um 1200)
und das Nibelungenlied

Kleve 154
Johann Wolfgang Goethe (1749-1832)
und sein Nachruf auf Johanna Sebus

Kleve 160
Konrad von Würzburg (ca. 1235-1287)
und der Schwanritter

Vorwort

Der Rhein ist von vielen Dichtern besungen worden. Davon handelt dieses Buch nicht. Es geht vielmehr um eine literarische Spurensuche im Rheinland, der Region von Mittel- und Niederrhein. Im Laufe der Jahrhunderte weisen die unterschiedlichsten Autoren, die für die deutsche Literaturgeschichte Bedeutung gewannen, Bezüge zum Rheinland auf. Sei es, dass sie aus der Region stammen, hier wirkten oder ihre Stoffe bezogen. Manchen der Dichter wurden Denkmäler errichtet, anderen ganze Museen gewidmet, auf wiederum andere deuten nur spärliche Hinweise. Mancher Schauplatz wurde gewürdigt oder spricht für sich.

Die Vielfalt der literarischen Erinnerungen in der Region ist auch dadurch gekennzeichnet, dass manche Autoren zu den berühmten im Lande gehören, andere einmal bekannt waren, doch im Laufe der Zeit aus dem kollektiven Gedächtnis verdrängt wurden. Insofern wird der Leser dieses Buches einige Autoren aus der schulischen oder privaten Lektüre wiederfinden, andere neu für sich entdecken.

Es gibt mehr Dichter und literarische Schauplätze im Rheinland, als in diesem Buche Eingang finden konnten. Die Auswahl ist begrenzt und erfolgte subjektiv. Doch wurde in zeitlicher Hinsicht ein Abriss vom Mittelalter bis zur Gegenwart und in räumlicher eine Bewegung vom Mittelrhein bis zur niederländischen Grenze gewählt. Somit ergibt sich eine kleine Literaturgeschichte, deren Referenzpunkt das Rheinland darstellt.

Die Hoffnung des Autors ist es, dem Leser Anregungen in mehrerer Hinsicht geben zu können. Zum einen Tipps für einen lohnenswerten Tagesausflug zu Gedenkstätten und Schauplätzen im Rheinland. Zum anderen Hinweise auf lohnenswerte Lektüren und interessante Biografien.

Die Frage, ob es über Zeit und Raum hinweg Gemeinsamkeiten zwischen den Dichtern gibt, ob es also eine Art Charakteristikum rheinischer Literatur geben könnte, soll hier nicht untersucht werden. Der Autor glaubt es eher nicht. Doch fällt auf, dass Mut und Widerstand Eigenschaften sind, die sich in fast allen Biografien und Werken der Dichter wiederfinden; wenn auch auf sehr unterschiedliche Weise. Der Siegfried der Nibelungen ist geradezu die Personifikation ritterlichen Mutes, Thomas beförderte die Rückbesinnung auf verloren gegangene religiöse Werte, Friedrich Spee bewies als sogenannter Hexenanwalt unerhörten persönlichen Mut, Goethe besingt eine mutige Frau, die Romantik eines Clemens Brentano entstand auch aus Widerstand gegen französischen Einfluss, Ferdinand Freiligrath leistete literarischen Widerstand gegen die Obrigkeit seiner Zeit usw. Die Literatur des Rheinlandes geriert sich oftmals widerborstig, ohne dass man daraus einen roten Faden ablesen sollte.

Jedes Kapitel benennt in der Überschrift einen geografischen Bezugspunkt und eine generalisierende Leitlinie. Diese Dopplung soll der schnellen Orientierung dienen. Geordnet sind die Kapitel nach der geografischen Lage ihres Bezugspunktes. Am Ende der Kapitel stehen Hinweise auf die verwendete Literatur, die auch zum Weiterlesen einlädt, sowie auf Örtlichkeiten. Genannt sind aber nur einige für das Kapitel wesentliche Verweisungen, da der Nutzer im Zeitalter des Internets keine Schwierigkeiten mehr hat, sich rasch per Mausklick einen Überblick zu verschaffen.

Kempen, Frühjahr 2018

Ernst Müller

Rüdesheim

CLEMENS BRENTANO (1778-1842)
UND DIE RHEINMÄRCHEN

Im Rheingau, wo jetzt Rüdesheim liegt, stand vor undenklichen Zeiten eine einsame Mühle am Rhein, umgeben von einer grünen und blumenreichen Wiese. Auf dieser Mühle wohnte Radlauf, ein junger frommer Müllerbursche.[1]

Mit dieser Einleitung beginnt der romantische Dichter Clemens Brentano 1810 seine Rheinmärchen. Sie sind in einer mystischen Vergangenheit angesiedelt. Ihre Örtlichkeiten hingegen entsprechen den konkreten Städten und Plätzen am Strom: die Mühle des Müllerburschen ist am Binger Loch lokalisiert, dort, wo die Nahe in den Rhein fließt. Der Rochusberg bei Bingen, am gegenüberliegenden Ufer von Rüdesheim, wird mehrfach erwähnt. Ebenso kommt der Loreleyfelsen bei St. Goar zur Sprache, wie auch der Binger Mäuseturm, der sich mitten im Rheinstrom des Binger Lochs erhebt. Die Städte Trier und Mainz bilden die geographischen Kontrapunkte der Erzählungen.

Ausgangspunkt der Geschichte ist das Zusammentreffen zweier Schiffe auf dem Rhein, gleich vor der Mühle des Protagonisten Radlauf bei Rüdesheim. Der König von Mainz mit seinem Gefolge begleitet seine Tochter Ameleya, auf dem anderen Schiff begleiten die Königin von Trier und ihr Gefolge ihren Sohn Prinz Rattenkahl. Die Sprösslinge beider Königsfamilien sollen die Ehe eingehen. Durch Unachtsamkeiten jedoch kentern die Schiffe und der Mainzer König muss fürchten, seine Tochter an den Rhein verloren zu haben. Er verspricht, demjenigen seine Tochter zur Frau zu geben, der sie entgegen aller Wahrscheinlichkeit zu retten vermag. Dieser Retter wird der Müller Radlauf sein. Als dieser jedoch mit Ameleya, die sich in ihren Retter verliebt hat, in Mainz eintrifft und sein Recht einfordert, stellt sich der König stur. Der Bruch seines Versprechens setzt alle weiteren Verwicklungen in Gang.

Während der folgenden Auseinandersetzungen hat sich Radlauf auf die Spur seiner geheim gebliebenen Herkunft in den Schwarzwald aufgemacht. Dort trifft er auf eine Vielzahl wundersamer Gestalten, die mit seiner Herkunft in Zusammenhang stehen. Höhepunkt ist die Begegnung mit der Nixe Lureley, die in der Unterwasserwelt eines wunderlichen Sees lebt. Sie offenbart ihm, wie sich alle menschlichen und tierischen Gestalten, denen Radlauf begegnete, in die Geschichte seiner Herkunft, die eine königliche ist, einfügen. Auch der Vater Rhein spielt darin seine Rolle, und zwar eine durchaus menschenfreundliche und rühmliche.

So kann es nicht verwundern, dass Brentano an dieser Stelle dem Rhein auch ein besonders schönes Gedicht widmet, das wie noch viele weitere in den Prosatext eingefügt ist. Er legt es Radlauf in den Mund, als dieser nach spannenden Abenteuern wieder nach Hause an den Rhein kommt:

> *Weiß ich gleich nicht mehr wo hausen,*
> *Find ich gleich die Mühle nicht,*
> *Seh ich dich doch wieder brausen,*
> *Heil'ger Strom im Mondenlicht.*
> *O Willkomm! willkomm! willkommen!*
> *Wer einmal in dir geschwommen,*

Rüdesheim: Clemens Brentano und die Rheinmärchen

Wer einmal aus dir getrunken
Der ist Vaterlandes trunken.

Wo ich Sonnen niedersenken
Sich zum Wellenspiegel sah,
Oder Sterne ruhig denken
Überm See, warst du mir nah.
O willkomm! willkomm! willkommen!
Wen du einmal aufgenommen,
Wen du gastfrei angeschaut,
Keiner Freude mehr vertraut.

Ström' und Flüss' hab ich gesehen,
Reißend, schleichend durch das Land,
Aber keiner weiß zu gehen
Herrlich so durchs Vaterland.
O willkomm! willkomm! willkommen!
Schild der Starken, Trost der Frommen,
Gastherr aller Lebensgeister,
Erzmundschenk und Küchenmeister![2]

(…)

Der begeisternde Tonfall dieser Verse entspricht auch der Befindlichkeit des Autors Clemens Brentano selbst. Der Spross einer reichen Kaufmannsfamilie aus Frankfurt wurde 1778 am Rhein geboren, in Ehrenbreitstein bei Koblenz. Dort ging er drei Jahre zur Schule. Später führte Brentano ein unstetes Studenten- und Dichterleben, das ihn über Mannheim, Halle, Jena, Göttingen, Marburg bis nach Wien führte. Doch im Jahre 1802 kam es zu einer inzwischen legendären Rheinreise: Brentano hatte in Göttingen den Mitstudenten Achim von Arnim kennen gelernt, der auf Brentanos Anregung hin selber zum Dichter wurde. Die beiden Freunde bereisten den Rhein von Mainz nach Koblenz. Sie ließen sich hinreißen von der wunderbaren Landschaft: den dicht bewaldeten Schluchten, durch die sich der Strom schlängelt; den Weinbergen mit ihren grünen Hängen und nicht zuletzt den Burgruinen, die in dichten Abständen den Weg des Rheins säumen. Die Rheinromantik war geboren. Der Abschnitt im Rheingau wird heute noch der „romantische Rhein" genannt und hat nichts von seiner Faszination verloren. Zu Beginn des 19. Jahrhunderts, als die Romantik aufkam, entdeckten viele Künstler den Mittelrhein als idealen Ausdruck ihres sehnsuchtsvollen Lebensgefühls. Unzählige Gemälde, Gedichte und Reisebeschreibungen zeugen davon. Clemens Brentano lag da mit seinen Rheinmärchen voll im Trend.

Ein weiterer Aspekt des Gedichtes ist als Zeichen der Zeit erkennbar: der Patriotismus. Die große Liebe zur Heimat ist ein Markenkern der romantischen Generation. Ausgelöst wurde die Vaterlandsliebe durch die napoleonischen Kriege. Als Napoleon 1806 Preußen besiegte und damit weite Teile Deutschlands besetzte oder dominierte, erwachte besonders bei der akademischen Jugend der Wille zur Gegenwehr. Literarisch äußerte er sich in der Hinwendung zu Geschichte und Brauchtum, um sich der eigenen Identität zu versichern. Daher rührt auch die Begeisterung der Romantiker für die Gattung des Märchens. Das Märchen greift auf das Mittelalter zurück, ebenso wie die Burgen Zeugen der alten Zeit sind. Zudem bringen die Märchen Mythologien ein, die scheinbar zum Urgrund der Geschichte führen. Nicht zuletzt deshalb haben die Brüder Grimm mündlich überlieferte Märchen gesammelt. Heute gehört ihre Sammlung zum Bestand der deutschen Kultur. Die Freunde Clemens Brentano und Achim von Arnim haben nach ihrer Rheinreise Lieder, Gedichte und Sagen aus alter Zeit gesammelt, sie bearbeitet, teils umgeschrieben, aber stets ihren altertümlichen Klang bewahrt. Ihre Sammlung erschien zwischen 1805 und 1808 in drei Bänden unter dem heute noch berühmten Titel „Des Knaben Wunderhorn". Die Wirkung war außerordentlich. Bis heute gilt das Buch neben der Märchensammlung der Brüder Grimm als Höhepunkt der literarischen Romantik.

Dass Brentano in seinen Erzähltext überhaupt Gedichte einfügt, hat ebenfalls mit der Kunsttheorie der Romantik zu tun. Danach sollte ein romantischer Text möglichst offen sein; zuweilen unter Verzicht auf ein klares Ende der Geschichte, aber auch offen hinsichtlich unterschiedlicher Textformen. Denn Romantik bedeutet im Verständnis der Epoche die Wahrnehmung der Welt in ihrer Tiefenstruktur. Quasi ein Blick hinter den Vorhang der Wirklichkeit, dorthin, wo die „eigentlichen" Zusammenhänge der Welt zu finden sind. Diese geheimen Zusammenhänge erschließen sich am ehesten über Gefühl und Ahnung, die durch das freie Spiel von Wirklichkeit, Fantasie und Mythos im Märchen und der Brechung von Prosa und Lyrik angeregt werden.

In Brentanos Rheinmärchen offenbart sich der doppelte Boden der Wirklichkeit anschaulich im Personal, das rund um die Person des Müllerburschen Radlauf gruppiert ist. Eine ganze Reihe von Tieren greift im Verlauf der verwickelten Handlung sprechend und handelnd in das abenteuerliche Geschehen ein. Dazu zählen ein Star, ein Goldfisch, ein Storch, ein Rattenkönig. Alle diese seltsamen Tiere entpuppen sich schließlich als verzauberte Menschen. Somit bilden alle diese Existenzen nur einen äußeren Schein, hinter dem sich ihre „wahre" Existenz verbirgt. Überdies hat jede dieser Existenzen ihre eigene Hintergrundgeschichte, die wiederum die Haupthandlung um weitere Abenteuer anreichert. Das ist auf den Punkt gebracht das existenzielle Programm der Romantik. Auch Radlauf selber hat als heimlicher König seine verborgene Existenz, ebenso wie die Lureley, die ihn über all die verkappten Zusammenhänge aufklärt.

Der aus Sicht der Rheinromantik markanteste Platz am Flussufer ist der Loreleyfelsen bei St. Goarshausen. Heinrich Heine hat ihn durch sein melancholisches Gedicht von 1824 berühmt gemacht. Vertont von Friedrich Silcher trat das Gedicht einen beispiellosen Siegeszug an und mutierte geradezu zum Volkslied. Der eigentliche Erfinder der mythischen Frauenfigur ist aber Clemens Brentano. Die Wassernixe taucht schon vor Heine unter dem Namen „Lureley" in seinen Rheinmärchen auf. Sie entpuppt sich im Laufe der Geschichte als des Müllerburschen Radlaufs Mutter. Im Gespräch mit Radlauf gibt sie preis, wie sie aus ihren Ursprungsgewässern auf den berühmten Rheinfelsen kam, der in der bekannten Legende als ihr Sitz gilt:

> *Ich baute mir damals ein Schloss und wohnte zugleich mit*
> *der Frau Echo darin, es ist der Lureleyfelsen bei St. Goar.*[3]

Bereits vor Niederschrift der Rheinmärchen hatte Clemens Brentano das geheimnisvolle Zauberwesen in die Literatur eingeführt; und zwar 1801 mit der Ballade „Zu Bacherach am Rheine". Darin jedoch hat die Figur noch eine gänzlich andere Identität als später in den Rheinmärchen:

> *Zu Bacherach am Rheine*
> *Wohnt´ eine Zauberin,*
> *Die war so schön und feine*
> *Und riss viele Herzen hin.*
> *(…)*
>
> *Der Bischof ließ sie laden*
> *Vor geistliche Gewalt*
> *Und musste sie begnaden,*
> *So schön war ihr´ Gestalt.*[4]

In dem Gedicht von 1801 lebt Loreley nicht auf dem Felsen und reißt auch keine Schiffer mit ihrem Gesang in den Tod, wie es seit Heinrich Heine kanonisch wurde. Bei Brentano ist sie zunächst eine wunderschöne Frau, die die Männer bezirzt. Selbst der Bischof, der sie eigentlich zur Rechenschaft ziehen will, weil sie eine „böse Frau" geworden ist, wird von ihren Reizen eingenommen. Statt sie zu verurteilen, lässt er drei Ritter kommen, die die Zauberin in ein Kloster bringen sollen. Dort soll sie als Nonne ein geläutertes Leben führen. Doch die Zauberin ist des Lebens längst überdrüssig:

> *Ich darf nicht länger leben,*
> *Ich liebe keinen mehr,-*
> *Den Tod sollt Ihr mir geben,*
> *Drum kam ich zu Euch her!*
>
> *Mein Schatz hat mich betrogen,*
> *Hat sich von mir gewandt,*
> *Ist fort von mir gezogen,*
> *Fort in ein fremdes Land.*

Dies also ist der Grund für Lores Melancholie: sie wurde von ihrem Geliebten verlassen. Als die Ritter sie zum Kloster begleiten, da lässt sie am Felsen Halt machen, um aus luftiger Höhe noch einmal das Schloss des Geliebten zu sehen. Sie erklimmt den Felsen und stürzt sich schließlich aus aufkeimendem Liebeskummer hinunter in den Rhein:

> *Die Jungfrau sprach: „Da gehet*
> *Ein Schifflein auf dem Rhein,*
> *Der in dem Schifflein stehet,*
> *Der soll mein Liebster sein!*

> *Mein Herz wird mir so munter,*
> *Er muss mein Liebster sein!"*
> *Da lehnt sie sich hinunter*
> *Und stürzet in den Rhein.*

Auch die Ritter müssen sterben, weil sie den Abstieg vom Felsen nicht schaffen. Und so heißt es folgerichtig am Schluss:

> *Wer hat dies Lied gesungen?*
> *Ein Schiffer auf dem Rhein,*
> *Und immer hat´s geklungen*
> *Von dem Dreiritterstein:*
> *Lore Lay!*
> *Lore Lay!*
> *Lore Lay!*
> *Als wären es meiner drei!* [4]

Der dreifache Ausruf erinnert an das Echo, das am Loreleyfelsen tatsächlich zu hören ist. Schon in mittelalterlichen Schriften wird es erwähnt. Im 19. Jahrhundert, als die Rheinromantik fröhliche Urständ feierte, wurde es durch die Schiffspassagiere bewusst herausgefordert. In Brentanos Rheinmärchen wird es eigens als „Frau Echo" personifiziert.

Der akustische Effekt dürfte einer der Ursachen für das Entstehen der Mythologie an diesem Felsen sein. Denn in alter Zeit wurde er als Antwort von Fabelwesen auf drängende Fragen des Menschen gedeutet. Dies wiederum könnte mit der gefährlichen Navigation an der Stelle unterhalb des Felsens zusammenhängen. Der Rhein ist an dieser Stelle durch Untiefen und Strudel gekennzeichnet. Die Schiffer in alter Zeit mussten höllisch aufpassen, um den Gefahren zu entgehen. Aus dieser Situation heraus entsponnen sich Sagen und Legenden. Offenbar nahm Brentano diese Sagen zur Inspiration für seine Loreley-Dichtung.

Die Literarisierung der Sage zeigt bis heute gigantische Wirkung. Touristen aus aller Welt strömen von St. Goarshausen aus per Shuttle-Bus auf den Loreleyfelsen. Inzwischen informiert die Gäste dort sogar ein modernes Besucherzentrum. Die angrenzende Freilichtbühne ist für Konzertveranstaltungen sehr beliebt. Rüstige Wanderer bewältigen den sich immer höher windenden Rheinstieg, der durch die dichte Bewaldung zur Loreley führt oder nehmen den steilen Aufstieg am Fuß des Felsens. Belohnt werden sie alle durch den grandiosen Ausblick auf das märchenhafte Rheintal. Lohnenswert ist ein Abstecher zum Rheinhaften von St. Goarshausen, gleich am Fuß des Loreleyfelsens. Dort nämlich, am Horn der lang gestreckten Landzunge, wurde in den 80er Jahren eine überlebensgroße Bronzefigur der Loreley auf einen Steinsockel gestellt. Sie zeigt die Nixe mit langem Haar und melancholischem Ausdruck. Natürlich gibt die Statue ein beliebtes Fotomotiv her.

In seinen Rheinmärchen greift Brentano eine ganze Reihe alter Mythen und Legenden auf. Sogar der Schatz der Nibelungen, der vom Siegfried-Mörder Hagen im Rhein versenkt worden sein soll, findet sich im Verlauf der Handlung wieder. Bewacht wird er ausgerechnet von der Frau Lureley, die diesmal ihren Platz in einem gläsernen Wasserschloss auf dem Grund des Rheins einnimmt. Somit verschränkt Brentano zwei Sagenkreise, die ursprünglich miteinander nichts zu tun haben. Auch das Mäuseturmmotiv geht auf eine uralte Sage zurück. Nach dieser allerdings war nicht der Mainzer König, wie in Brentanos Märchen, sondern der Bischof der Bösewicht. Während einer Hungersnot soll er den Armen den Zugang zu seiner Kornkammer verwehrt haben. Als sie protestierten, habe er sie in eine Scheune treiben und lebendig verbrennen lassen. Weil er ihre Schreie als Mäusepfeifen verhöhnt hatte, strömten unzählige Mäuse in sein Schloss, vor denen er sich auf die Insel im Rhein rettete und zum Schutz den Turm erbaute. Dennoch wurde er von den Mäusen aufgefressen. Brentano hat auch diese Sage in seiner Geschichte vom Müller Radlauf in abgewandelter Weise verarbeitet.

In seinem unsteten Leben war Clemens Brentano noch mehrfach zu Besuch im romantischen Rheintal. Seit 1804 gab es dort einen familiären Stützpunkt. Sein Halbbruder Franz hatte im Rheinstädtchen Winkel, nahe bei Rüdesheim und unweit der Loreley gelegen, einen großzügigen Sommersitz erworben und später mit seiner Frau Antonie sogar ganzjährig bewohnt. Das stattliche Haus mit angrenzendem Garten wurde schon bald zu einem gesellschaftlichen Mittelpunkt von Künstlern und Gelehrten, die den Rhein bereisten. Vor allem Ehefrau Antonie, die aus einem kunstsinnigen Elternhaus stammte, erwies sich als versierte Gastgeberin. Der Freiherr vom Stein kam zu Besuch, Johann Wolfgang Goethe, ebenso die Brüder Grimm. Brentanos Schwester Bettine, die spätere Ehefrau Achim von Arnims, verkehrte hier, auch die todessüchtige Dichterin Karoline von Gründerrode. Ihr Freitod in Winkel verlieh dem Ort eine dramatische Aura. Das Brentano-Haus wurde zu einem wahren Treffpunkt der romantischen Generation.

Das Haus an der Hauptstraße im heutigen Oestrich-Winkel ist auch jetzt noch einen Besuch wert. Denn seine Inneneinrichtung aus dem frühen 19. Jahrhundert ist zu großen Teilen erhalten geblieben: Gleich im Erdgeschoss liegt der so genannte „Rote Salon", so benannt nach den roten Vorhangstoffen. Darin hängen über den altertümlichen Wohnzimmermöbeln die Familienportraits. Im hölzernen Treppenaufgang des Flurs ist das Familienwappen der Brentanos eingearbeitet, mit dem Löwen der Lombardei, aus der die Brentanos ursprünglich stammen. Im ersten Stock erstreckt sich der Saal, in dem das gesellschaftliche Leben stattfand. Daran angrenzend liegen die beiden Arbeits- und Schlafzimmer, die Goethe während seines Aufenthaltes bewohnte; auch sie in beinahe originalem Zustand. Von Goethe wird berichtet, kein einfacher Gast gewesen zu sein. Früh morgens pflegte er im Schlafmantel durch den Garten zu promenieren und reagierte unwirsch, wenn er dabei einen anderen Bewohner antraf. Die Speisen, die ihm beim Essen gereicht wurden, ließ er teilweise unberührt liegen. Was damals als Unhöflichkeit gewertet wurde, erscheint heute in anderem Licht: Der 65 Jahre alte Goethe hatte kaum noch Zähne.

Heute befindet sich das Brentano-Haus, nachdem es bis 2014 von den Nachfahren der Familie bewohnt worden war, im Besitze des Landes Hessen und in Trägerschaft der Stadt und des Freien Deutschen Hochstifts. Zur Zeit der Niederschrift dieses Textes wird es umfassend saniert. Es ist für Besucher zu bestimmten Zeiten unter sachkundiger Führung zugänglich und verspricht einen faszinierenden Ausflug in die Wohn- und Lebenskultur des 19. Jahrhunderts.

Clemens Brentano starb 1842 in Aschaffenburg. Zu Lebzeiten hatte er eine Reihe von Erzählungen, Gedichten und auch einen Roman namens „Godwi" veröffentlicht, in dem seine Mythenfigur „Lureley" auftaucht. Viele Texte aber sind erst nach seinem Tode herausgegeben worden. Dazu zählen auch die Rheinmärchen.

Anmerkungen:

(1) Brentano, Clemens: Rheinmärchen, S. 59, a.a.O.
(2) Brentano, Clemens: Rheinmärchen, S. 299, a.a.O.
(3) Brentano, Clemens: Rheinmärchen, S. 313, a.a.O.
(4) Brentano, Clemens: Werke in zwei Bänden, Bd. 1, S. 37ff., a.a.O.

Literatur:

Brentano, Clemens: Rheinmärchen, Insel Verlag, Frankfurt a.M. 1985.

Brentano, Clemens: Werke in zwei Bänden, hrsg. v. Friedhelm Kemp unter Mitwirkung von Wolfgang Frühwald, (Lizenzausgabe Bertelsmann, Gütersloh), Carl Hanser-Verlag, München 1972.

Schultz, Hartwig: Schwarzer Schmetterling, Zwanzig Kapitel aus dem Leben des romantischen Dichters Clemens Brentano; Berlin-Verlag, Berlin 2000.

Brentano-Haus: www.brentano.de

St. Goar

FERDINAND FREILIGRATH (1810-1876)
UND DIE LYRIK DER REVOLUTION

Den politisch unruhigen Zeiten, auf die Ferdinand Freiligrath literarisch reagierte, entspricht sein unstetes Leben. Es ist durch eine Vielzahl von Ortswechseln geprägt. Geboren wurde der Dichter 1810 im westfälischen Detmold, gestorben ist er 1876 im schwäbischen Cannstadt bei Stuttgart. Emigration und Beruf führten ihn nach Holland, England und in die Schweiz. Die Stationen aber, die für seine Dichtungen und seine Position in der Literaturgeschichte entscheidend wurden, liegen am Rhein.

In Unkel bei Bonn, wo gleich an der Rheinpromenade das mächtige Freiligrath-Haus steht, war der Dichter noch dem Denken und Fühlen der Romantik verhaftet. Steinernes Zeugnis dessen ist der Rolandsbogen. Vom Freiligrath-Haus aus sieht man das Monument an der gegenüberliegenden Rheinseite in der Ferne auf dem Berg bei Rolandseck stehen, genau gegenüber dem berühmten Drachenfels. Der mittelalterliche Torbogen, der heute eine Touristenattraktion darstellt, gehörte ursprünglich zur Burg Rolandseck, deren verfallene Reste im 17. Jahrhundert einem Erdbeben zum Opfer fielen. Als 1839 auch der Rolandsbogen einstürzte, setzte sich Freiligrath durch eine Spendensammlung erfolgreich für seinen Wiederaufbau ein. Hintergrund des Einsatzes war die Mittelalterbegeisterung der Romantiker, die als erste

Generation ihre nationale Identität in der eigenen Geschichte suchten. Der Rolandsbogen wurde zu einem Wahrzeichen der Rheinromantik.

Dabei verbanden die Leser in dieser frühen Zeit seines Schreibens den Namen Freiligrath weniger mit nationalen Themen als mit exotischen. Freiligrath war nämlich mit Gedichten an die Öffentlichkeit getreten, deren Inhalte vielfach in Afrika und Amerika sowie unter Auswanderern auf See angesiedelt waren. „Wüsten- und Löwenpoesie" hatte Freiligrath seine balladenartigen Gedichte selber genannt. Damit war er sehr erfolgreich. Seine Gedichtbände erwiesen sich als Verkaufsschlager. Es waren gerade der Einblick in fremde Welten und das abenteuerliche Flair, das die Leser anlockte. So zum Beispiel in dem Gedicht „Löwenritt" mit seinen eigentümlichen Langzeilen, die einen erzählerischen Eindruck vermitteln:

Wüstenkönig ist der Löwe; will er sein Gebiet durchfliegen,
wandelt er nach der Lagune, in dem hohen Schilf zu liegen.
Wo Gazellen und Giraffen trinken, kauert er im Rohre;
zitternd über dem Gewalt'gen rauscht das Laub der Sykomore.[1]
(…)

Der Erfolg dieser Art Erzähldichtung ist sicherlich nicht zuletzt vor dem Hintergrund verständlich, dass sich die Lebensumstände in Deutschland zu dieser Zeit immer mehr verengten. Staatliche Repressionen, Spitzelwesen und mangelnde politische Partizipation prägten die Epoche nach den Befreiungskriegen 1815. Die akademische Jugend, die in den Befreiungskriegen gegen die Fremdherrschaft Napoleons gekämpft hatte, verlangte nach dem Sieg politische Reformen in Deutschland. Das Bürgertum wollte Teilhabe an der politischen Macht, die allein in den Händen des Adels und der Herrscherhäuser lag. Überdies verlangten die progressiven Kräfte ein Ende der Zerstückelung Deutschlands in unzählige souveräne Fürstentümer durch einen einigen Nationalstaat. Auf die Forderungen reagierten die Fürsten mit Unterdrückung. In diesem Klima stillten die Dichtungen Freiligraths die Sehnsucht nach Ferne und Freiheit, ohne direkt auf die Zustände in der Heimat einzugehen. Überdies zeichnen sich die Dichtungen Freiligraths durch emotionale Anteilnahme aus. In Gedichten wie „Der Mohrenfürst" (1834) oder „Leben des Negers" (1836) versetzt sich der Autor in das Leiden misshandelter Afrikaner, die durch den weißen Mann in ihrer Würde verletzt oder gar versklavt werden.

In diesen Werken deutet sich bereits die große Wende in Freiligraths Lyrik an. Verbunden ist sie mit den Rheinstädtchen St. Goar und Aßmannshausen, in denen Freiligrath Wohnung nahm. Ausgerechnet in den malerischen Ortschaften entstanden harte politische und sozialkritische Gedichte, mit denen Freiligrath endgültig die Romantik hinter sich ließ. Die Verelendung der Arbeiterschicht, die Erhebung gegen die Staatsmacht und die willkürliche Verfolgung von Aufständischen sind in den 40er Jahren nun seine Themen. Freiligrath reiht sich mit diesen Gedichten in die literarische Strömung des „Vormärz" ein. Damit werden die Literaten bezeichnet, die im Vorfeld der Märzrevolution von 1848 auf einen Umsturz der Verhältnisse hinarbeiteten. Ein Beispiel:

Die Freiheit! Das Recht!

Oh, glaubt nicht, sie ruhe fortan bei den Toten,
oh, glaubt nicht, sie meide fortan dies Geschlecht,
weil mutigen Sprechern das Wort man verboten
und Nichtdelatoren verweigert das Recht!
Nein, ob ins Exil auch die Eidfesten schritten;
ob, müde der Willkür, die endlos sie litten,
sich andre im Kerker die Adern zerschnitten –
doch lebt noch die Freiheit und mit ihr das Recht!
  – Die Freiheit! Das Recht[2] *(…)*

Das Gedicht „Die Freiheit! Das Recht!", dessen erste Strophe hier zitiert ist, stammt aus Freiligraths Lyrikband „Ein Glaubensbekenntnis - Zeitgedichte", den er 1844 in Aßmannshausen abschloss. Im Vorwort begründet er die Wendung in seinem Denken und Dichten:

Es seien die enttäuschenden Verhältnisse in seinem „engeren Vaterlande Preußen" gewesen, die die politischen Gedichte provoziert hätten:

Keines derselben, kann ich mit Ruhe versichern, ist gemacht; jedes ist durch die Ereignisse geworden (…)[3].

Eine Anspielung auf die autoritäre Herrschaft der Fürsten mit den Mitteln der Pressezensur, Verhaftungen und der gewaltsamen Zerschlagung von Aufständen. Der Dichter versteht seine Lyrik als Reaktion auf diese Missstände.

In diesem Zusammenhang: Freiligrath hat es nicht bei einer literarischen Opposition belassen. Er verzichtete ganz konkret auf staatliche Gelder. Der Schriftsteller hatte sich mit seinen Wüstengedichten ein so großes Ansehen erarbeitet, dass der König von Preußen ihm 1842 eine jährliche Pension zugesprochen hatte. Er sollte ohne finanzielle Sorgen weiter schreiben können. Zwei Jahre nahm Freiligrath die Unterstützung in Anspruch. Neujahr 1844 gab er den Anspruch zurück. Grund: Er wollte nicht länger von einem König gefördert werden, der die Rechte seiner Bürger so dreist mit Füßen trat. Mit dieser Zurückweisung schlug sich Freiligrath für jeden offensichtlich auf die Seite der politischen Opposition. Entsprechende Gedichte folgten.

Doch macht Freiligrath im Vorwort zu seinem „Glaubensbekenntnis" auch deutlich, dass er den Wandel in Denken und Dichten nicht als abrupten Bruch verstanden wissen wollte. Zu Recht. Wie oben bereits vermerkt, vermitteln auch schon seine mitfühlenden Gedichte über die Entwürdigung von Afrikanern eine humanistische Haltung. Im Vorwort erklärt Freiligrath, dass seiner jetzt „gesicherten" Haltung eine „minder sichere" vorausging, die sich erst noch habe gestalten müssen. Sie ist demnach im Laufe der Zeit gewachsen:

> *Wer am Ziele steht, soll auch den Umweg nicht verleugnen, auf welchem er es erreicht hat.* [4]

Aus diesem Grund nimmt Freiligrath auch die älteren Gedichte in seinen Band mit auf und ordnet seine Werke chronologisch.

Der Band mündet in die Abteilung der „neuen" Gedichte. Das berühmteste, verfasst 1843 in St. Goar, legt von Freiligraths nunmehr „gesicherter" Haltung eindrucksvoll Zeugnis ab:

> *Trotz alledem*
>
> *Ob Armut euer Los auch sei,*
> *hebt hoch die Stirn, trotz alledem!*
> *Geht kühn den feigen Knecht vorbei:*
> *wagt's arm zu sein, trotz alledem!*
> *Trotz alledem und alledem,*
> *trotz niederm Plack und alledem,*
> *der Rang ist das Gepräge nur,*
> *der Mann das Gold trotz alledem!*
>
> *Und sitzt ihr auch beim kargen Mahl*
> *in Zwilch und Lein und alledem,*
> *gönnt Schurken Samt und Goldpokal -*
> *ein Mann ist Mann trotz alledem!*
> *Trotz alledem und alledem,*
> *trotz Prunk und Pracht und alledem!*
> *Der brave Mann, wie dürftig auch,*
> *ist König doch trotz alledem!* [5] *(...)*

Dieses Gedicht, das nach damals populären Melodien auch als Lied vertont wurde, ist kein originäres Zeugnis der Freiligrathschen Dichtkunst, sondern eine Nachdichtung. Das Original stammt von dem schottischen Dichter Robert Burns, was Freiligrath auch ausdrücklich im Untertitel vermerkt. Burns schrieb sein Gedicht „For a that" bereits 1795 und drückt darin die sozialistischen und freiheitlichen Gedanken aus, die zu seiner Zeit in Schottland im Schwange waren. Freiligrath, der nach seinen Aufenthalten in England der Sprache mächtig war, erkannte die Prägnanz der Verse und fertigte nach ihrem Vorbild die deutsche Fassung. Entsprach der Inhalt des Originals doch inzwischen den sozialen Verhältnissen im Deutschland seiner Tage. Wie prekär in der Frühzeit von Industrialisierung und Kapitalismus die Lage vieler Arbeiter und lohnabhängiger Handwerker war, dafür ist der schlesische Weberaufstand von 1844 nur das bekannteste Beispiel. Die Löhne der Weber in den Textilfabrikationen waren so niedrig, dass die Arbeiter kaum die Familien ernähren konnten und Hunger litten. Das herbeigerufene Militär zerschlug den Aufstand mit Gewalt. Entscheidend für die politische Bedeutung des Aufstandes aber war, dass die Geschehnisse landesweit bekannt wurden und zur Herausbildung einer empörten öffentlichen Meinung beitrugen. Die Verhältnisse, wie der Weberaufstand sie schlagartig ins Licht rückte, waren auch anderorts verbreitet. Sie bildeten die Grundlage für das Aufkommen sozialistischer Ideen. Die Verelendung der Arbeiter und die Herausbildung einer Arbeiterklasse beschrieben in diesen Jahren Karl Marx und Friedrich Engels am nachhaltigsten.

Ferdinand Freiligrath war von den politischen Unruhen auch persönlich betroffen. Der Gedichtband „Ein Glaubensbekenntnis" wurde gleich nach Erscheinen verboten. Das tat zwar seinem Absatz keinen Abbruch, weckte im Gegenteil eher das Interesse des Publikums. Aber der Autor sah sich veranlasst, mit seiner Frau ins Exil zu gehen. Zunächst nahm er in Belgien eine Kur, wandte sich dann in die Schweiz und schiffte sich schließlich nach England ein. Dort suchte er sich eine Stellung als Kaufmann, seinem erlernten Beruf. Denn Freiligrath war inzwischen Familienvater geworden. Er brauchte eine solide wirtschaftliche Grundlage. Seine Frau Ida hatte er in seiner Zeit in Unkel kennen gelernt. Die weit durchs Ausland gereiste Erzieherin, die aus Weimar stammte und noch Goethe gekannt hatte, lebte damals als Angestellte im Unkeler Nachbarhaus. Nach der Geburt der gemeinsamen Tochter kündigte sich nun im Exil das zweite Kind an. Freiligrath trat in England wieder in die Dienste eines Kaufmanns und sicherte der Familie damit ein geregeltes Einkommen. Seine Frau arbeitete als Deutschlehrerin. Erst im Revolutionsjahr 1848 kehrte die Familie nach Deutschland zurück. Sie zog nach Düsseldorf, von wo aus Freiligrath an der „Neuen Rheinischen Zeitung" mitarbeitete. Dies war ein kritisches Oppositionsblatt mit Redaktionssitz in Köln. Es vertrat sozialistische und revolutionäre Haltungen. Als Chefredakteur fungierte Karl Marx.

Mit dem erneuten Umzug war Freiligrath an der dritten Station seines literarischen Wirkens am Rhein angekommen. In Düsseldorf griff er das „Trotz-alledem"-Gedicht noch einmal auf und veränderte es nach der politischen Aktualität: Im März dieses denkwürdigen Jahres 1848 hatten sich in den Ländern des Deutschen Bundes die Bewegungen des liberalen Bürgertums erhoben und den Fürsten Zusagen abgezwungen. Sie sollten die Pressezensur aufheben und freie Parlamente zulassen. In der Paulskirche zu Frankfurt trat eine verfassungsgebende Versammlung zur Gründung eines deutschen Nationalstaates zusammen. Doch schon bald sammelten die Fürsten wieder ihre Kräfte und ließen durch das Militär die Erhebungen nieder schlagen. Die Revolution war gescheitert. Aus Enttäuschung darüber schrieb Ferdinand Freiligrath sein Gedicht „Trotz alledem" um.

Die neue Fassung erschien in der „Neuen Rheinischen Zeitung":

> Das war ′ne heiße Märzenzeit,
> trotz Regen, Schnee und alledem!
> Nun aber, da es Blüten schneit,
> nun ist es kalt, trotz alledem!
> Trotz alledem und alledem –
> trotz Wien, Berlin und alledem –
> ein schnöder, scharfer Winterwind
> durchfröstelt uns trotz alledem!
>
> Das ist der Wind der Reaktion
> mit Mehltau, Reif und alledem!
> Das ist die Bourgeoisie am Thron–
> der annoch steht, trotz alledem!
> Trotz alledem und alledem,
> trotz Blutschuld, Trug und alledem –
> er steht noch und er hudelt uns
> wie früher fast, trotz alledem!
> (...)
>
> Doch sind wir frisch und wohlgemut
> und zagen nicht trotz alledem!
> In tiefer Brust des Zornes Glut,
> die hält uns warm trotz alledem!
> (...)
> Trotz alledem und alledem,
> trotz Dummheit, List und alledem,
> wir wissen doch: die Menschlichkeit
> behält den Sieg trotz alledem![6]

In der Poesie des Gedichtes werden die politischen Ereignisse mit den Witterungsverhältnissen der Jahreszeit verglichen. Die Namen der Hauptstädte verweisen auf die Zentren der Aufstände. Mit „Blutschuld" ist der brutale Einsatz des Militärs gemeint, mit „Trug" der Umstand, dass die Fürsten ihre Versprechen hinsichtlich liberaler Verfassungen brachen. Doch ist von Resignation keine Rede. Die revolutionären Ideen leben weiter und ihre Umsetzung scheint nur verschoben.

Die „Neue Rheinische Zeitung" wurde bald verboten. Freiligrath widmete ihr unter dem Datum des 9. Mai 1849 ein ebenso wehmütiges wie kämpferisches Gedicht:

> *Nun ade, nun ade, du kämpfende Welt,*
> *Nun ade, ihr ringenden Heere!*
> *Nun ade, du pulvergeschwärztes Feld,*
> *Nun ade, ihr Schwerter und Speere!*
> *Nun ade - doch nicht für immer ade!*
> *Denn sie töten den Geist nicht, ihr Brüder!*
> *Bald richt ich mich rasselnd in die Höh,*
> *Bald kehr ich reisiger wieder!* [7]

Mit der Prophezeiung sollte der Dichter recht behalten. Karl Marx ging ins Exil nach England, wo er den späteren Klassiker „Das Kapital" schrieb. Auch Freiligrath kehrte zunächst nach England zurück und trat wieder in die Dienste einer kaufmännischen Handlung, später übernahm er die Vertretung einer Schweizer Bank. Auch nahm er die englische Staatsbürgerschaft an. Die Familie zählte inzwischen sechs Köpfe. Als der Dichter 1865 seine Stellung verlor, organisierten Schriftsteller und Freunde in Deutschland und England eine Sammlung für ihn. Sein Ansehen in der literarischen Welt war trotz längeren Verstummens immer noch so groß, dass die damals unglaubliche

Summe von 60.000 Talern zusammenkam. Damit war es Freiligrath möglich, nach Deutschland zu übersiedeln. Er wäre wohl gern wieder an den Rhein gezogen, doch hielt ihn der Umstand ab, dass das Rheinland zu Preußen gehörte und der Haftbefehl gegen ihn offiziell nie aufgehoben worden war; obgleich er wahrscheinlich nicht mehr vollzogen worden wäre. Dennoch siedelte sich Freiligrath mit seiner Familie vorsichtshalber in der Gegend um Stuttgart an, wo er schließlich auch starb.

Sein Denkmal jedoch steht am Rhein. Die Nachwelt errichtete es ihm 1914 genau an dem Ort, der seine romantische Frühphase sichtbar kennzeichnet: unterhalb des Rolandsbogens. Wer von der Rheinpromenade in Rolandseck den Rolandsbogen zu Fuß erklimmt, trifft beim steilen Aufstieg durch den bewaldeten Hang unweigerlich auf das sorgfältig angelegte Halbrondell, in dem sich die bronzene Büste des Dichters erhebt. Sitzbänke laden zur Rast ein. Plaketten geben darüber Auskunft, dass die Bürgerschaft das Denkmal aus Dankbarkeit errichtet hat, weil der Dichter die Initiative zur Rettung des Wahrzeichens ergriff. Ebenso weist eine Plakette darauf hin, dass der in den letzten Tagen der DDR so geschichtsträchtig gewordene Spruch „Wir sind das Volk" ursprünglich von diesem Dichter stammt, entnommen der zweiten Fassung seines Gedichtes „Trotz alledem". Erbauer des Denkmals war übrigens der Londoner Bildhauer Siegfried Wiens, ein Enkel Freiligraths.

Das Wohnhaus in Unkel, leicht erkennbar durch seinen roten Anstrich, ist heute in Privatbesitz. Örtliche Organisatoren haben im Jahr 2000 einen literarischen Wanderweg vom Freiligrath-Haus zum etwa acht Kilometer entfernten „Haus Parzival" in Bad Honnef-Menzenberg ausgeschildert. Im Haus Parzival wohnte der erste Bonner Altgermanist Karl Simrock, der mit Freiligrath befreundet war und von diesem gern zu weinseligen Geselligkeiten besucht wurde. Simrock ist bekannt geworden durch seine Übersetzungen mittelhochdeutscher Texte, insbesondere des Nibelungenliedes. Da aber ebenso wie das Freiligrath-Haus auch das Haus Parzival keine musealen Zugänge bietet und der Wanderweg vielfach durch Neubaugebiete führt, ist der Erkenntniswert der Wanderung begrenzt. Vielversprechender für den Touristen der Weinstadt Unkel ist der Besuch des Willy-Brandt-Forums, das die politische Bedeutung des ehemaligen Bundeskanzlers nachzeichnet, der in Unkel lebte. Empfehlenswert für den Touristen bleibt der Aufstieg zum Rolandsbogen bei Rolandseck. Nicht nur wegen des Denkmals. Die Aussicht vom Gipfel über das Rheintal bis ins Siebengebirge hinein ist überwältigend.

Anmerkungen:

(1) Freiligrath, Ferdinand: Werke, S. 34, a.a.O.
(2) Ebda, S. 51.
(3) Ebda, S. 39.
(4) Ebda, S. 40.
(5) Ebda, S. 49.
(6) Ebda, „Trotz alledem – variiert", S. 126.
(7) Ebda, „Abschiedswort der Neuen Rheinischen Zeitung", S. 140.

Literatur:

Freiligrath, Ferdinand: Werke in einem Band, Einleitung von Werner Ilberg, Bibliothek dt. Klassiker, hrsg. von den Nationalen Forschungs- und Gedenkstätten der klassischen deutschen Literatur in Weimar, Aufbau-Verlag, Berlin und Weimar, 1980.

Köln:

HEINRICH BÖLL (1917-1985)
UND DIE POESIE DES GEGENWÄRTIGEN

Gerne ging Heinrich Böll, der gebürtige Kölner, am Rheinufer spazieren. In späterer Zeit, als er schon der international berühmte „Repräsentant" der deutschen Nachkriegsliteratur war, führte er auch ausländische Gäste an die Ufer des Stroms. Ein bekanntes Foto von 1972 zeigt ihn an der Seite des amerikanischen Autors Arthur Miller auf der Rheinpromenade. Da war Heinrich Böll bereits Präsident des internationalen PEN-Zentrums, der Vereinigung von Schriftstellern aus aller Welt. In den Jahren nach dem Zweiten Weltkrieg bedeutete es einen ungeheuren Prestigegewinn, dass dieser Posten von einem Deutschen besetzt war. Dies rückt nachdrücklich ins Bewusstsein, welches Ansehen Heinrich Böll nicht nur in Deutschland, sondern mehr noch im gesamten Ausland genoss.

Der Rhein hat sich dem späteren Erzähler von Kindheit an eingeprägt. Denn Böll ist nur einige hundert Meter vom Kölner Rheinufer entfernt geboren: 1917, in einem Mehrfamilienhaus an der Teutoburger Straße 26. Zwischen Geburtshaus und Rheinufer liegt ein Park, in dem der kleine Heinrich mit den anderen Jungs aus dem umliegenden Viertel gespielt hat. Früher war der Park nach dem ehemaligen Reichspräsidenten Hindenburg benannt, heute heißt er Friedenspark. In einem autobiographischen Text beschreibt Böll die Szene, wie die kleinen Kinder nach dem verlorenen Ersten Weltkrieg Steinchen auf die Jeeps der englischen Besatzer warfen und dann verschreckt wegliefen, wenn die Soldaten das Auto anhielten, um den Missetätern nachzusetzen. Das Geburtshaus im Stil der Gründerzeit ist heute noch bewohnt. In die gläserne Pforte wurde ein Relief eingraviert: Die weißen Striche markieren das Profil Heinrich Bölls, unterlegt mit einem Schriftzug - der kanonisch gewordenen Zueignung Lew Kopelews „Der gute Mensch von Köln."

Dieser Ausspruch charakterisiert das öffentliche Image Bölls in den 70er und 80er Jahren. Lew Kopelew war ein russischer Autor, der nach seiner Ausbürgerung aus der kommunistischen Sowjetunion bei seinem Freund Böll Aufnahme fand und sich in Köln niederließ. Jahre zuvor war der russische Literaturnobelpreisträger Alexander Solschenizyn von der Sowjetunion ausgebürgert worden und hatte bei Böll vorübergehende Aufnahme gefunden. Böll hatte seit den 60er Jahren, also mitten im Kalten Krieg, Reisen in die Sowjetunion unternommen und Kontakte zu osteuropäischen Autoren geknüpft. Immer wieder unterstützte er notleidende Autoren auch mit Geld. Bei seinen Reisen in den damaligen Ostblock sparte er die Erinnerung an den zurückliegenden Krieg nicht aus, sondern sprach im Gegenteil die historische Belastung offen an, was ihm viel Reputation einbrachte. Zeitweise war Böll in der Sowjetunion der meistgedruckte deutsche Schriftsteller.

Es waren aber nicht nur diese versöhnlichen Gesten, die das öffentliche Bild von Böll als einem mitfühlenden und hilfsbereiten Menschen festigten. Böll verstand sich als Autor, der die Welt aus der Sicht der „kleinen Leute" deutete. Selbst trat er in der Öffentlichkeit betont bescheiden und zivil auf, fast schon ein wenig schüchtern. Doch energisch, zuweilen auch aggressiv, verteidigte er die Rechte und die Unabhängigkeit des einzelnen Bürgers und wandte sich gegen autoritäre Strukturen in Staat, Gesellschaft und Kirche. Diese Haltung findet sich in seinen Erzählungen wieder, er legte sie aber auch in unzähligen Essays und Kritiken nieder.

Seine Haltung hatte einen geschichtlichen Hintergrund. Böll arbeitete sich an der nationalsozialistischen Vergangenheit Deutschlands und des Zweiten Weltkrieges geradezu ab. Nach seinem Eindruck befassten sich die Deutschen der Nachkriegszeit nicht ausreichend mit der Barbarei der Nazis und ihrer eigenen Verstrickung in das Dritte Reich. Die gesellschaftliche „Restauration" der Adenauer-Ära, verbunden mit dem von ihm so empfundenen Materialismus des Wirtschaftswunders, war ihm ein Graus. Damit traf er einen Nerv. Zum einen wurde er zum Provokateur der konservativen Kräfte im Land. Auf der anderen Seite des politischen Spektrums wurde er zu einer bewunderten Instanz, die als „Gewissen der Nation" gelobt wurde. Nicht zuletzt seine antikapitalistische und pazifistische Einstellung trug dazu bei, dass die Partei der Grünen ihre parteinahe Stiftung nach Heinrich Böll benannt hat. Überdies fand Böll mit seiner kritischen Haltung großen Beifall im Ausland; vielfach allerdings auch deshalb, weil Bölls eigentlich nach innen gerichtete Kritik als Bestätigung eigener Vorurteile gegenüber der Bundesrepublik aufgenommen wurde.

Sein Name verband sich im öffentlichen Bewusstsein mit Köln. In einer schriftlichen Fehde mit einem Bundeswehroberst zu Zeiten der Friedensbewegung Anfang der 80er Jahre beschwert sich Böll bei seinem Kontrahenten, dass dieser seinen Brief an ihn lediglich mit „Köln" adressiert habe; und dies auch noch, obgleich Böll vor zwei Jahren in die Nähe von Bonn umgezogen war. Die gerügte Nachlässigkeit des Oberst verdeutlicht aber, wie selbstverständlich Heinrich Böll in der Domstadt verortet wurde. Im Jahre 1983 verlieh ihm die

Vaterstadt, nicht ohne vorhergehende politische Kontroverse im Stadtrat, sogar die Ehrenbürgerwürde.

Heute sind aber nur wenige sichtbare Spuren Bölls im Stadtbild zu finden. Am auffälligsten ist noch die Benennung des Platzes gleich am Dom in „Heinrich-Böll-Platz". Böll war ein Kind der Südstadt. Die malerische Severinstorburg, ein beeindruckender Restbestand aus der Stadtbefestigung des Mittelalters, markiert das Zentrum des Bewegungsradius in Bölls Jugend. Hier erlebte er am 1. Mai 1933 einen großen Aufmarsch der Nazis; ein Ereignis, das Böll im negativen Sinne tief prägen wird. Gewohnt hatte die Familie Böll zu dieser Zeit in der zweiten Etage eines Mehrfamilienhauses an der Maternstraße 32; und Böll hat später erklärt, er habe am Tag der Machtergreifung der Nazis, dem 30. Januar 1933, mit Grippe im Bett gelegen. Ob dies den Tatsachen entspricht oder eher im übertragenen, politischen Sinn gemeint war, dürfte offen bleiben. Von 1922 bis 1936 wohnte die Familie in diesem Haus. An der Hauswand ist heute eine Plakette angebracht, die an Heinrich Böll erinnert. An der Vondelsstraße 28, am Innenhof der dortigen Wohnbebauung, lag einst die Schreinerei des Vaters. Der Schüler Heinrich besuchte das Kaiser-Wilhelm-Gymnasium, das in der Nähe liegt.

Die Prägung durch Köln und die Rheinlandschaft wurde Thema in einem Gespräch, das Böll im Jahre 1977 mit dem Literaten Heinrich Vormweg führte. Darin führt Böll einiges über Image und Mentalität des rheinländischen Geisteslebens aus:

> *Das Überraschende war für mich, dass im Ausland zum ersten Mal das Rheinland überhaupt in der deutschen Literatur wahrgenommen wird (...). Und dass für die meisten Ausländer ein Klischee des Deutschen zerstört worden ist durch die rheinische Literatur. (...) Es ging so weit, dass*

> *man mir gelegentlich gesagt hat: Du bist ja eigentlich gar kein Deutscher. Das Rheinland ist ja sowohl von Preußen nie so recht wahrgenommen worden wie vom Ausland. Für die Engländer (...) sind wir eine Art missglückter Franzosen. Was nicht zutrifft. (...) Vor allen Dingen auch (...) glauben ja doch die meisten Ausländer, dass die Deutschen Protestanten sind. (...) Man glaubte mir einfach nicht, dass ich katholisch war und Deutscher. (...) Hier ist ja kein barocker Katholizismus im Rheinland. Sehr interessant, da müsste man eigentlich viel analysieren: konfessionsgeschichtlich die Vermischung mit puritanischen Elementen und jansenistischen Zügen im rheinischen Katholizismus... (...).*[1]

Die Mentalität habe sein Erzählwerk auch strukturell beeinflusst, erklärt Böll, als ihn Vormweg auf Heinrich Heine anspricht, ebenfalls ein großer Rheinländer:

> *Ich habe Heine immer viel mehr als Rheinländer gesehen denn als Juden empfunden. Diese Mischung aus Blasphemie und Frömmigkeit, sagen wir: Kevelaer-Element und auch Köln, die ist wahrscheinlich viel mehr rheinisch, als sie jüdisch sein kann. Das hat eine Tradition im Karneval (...). (Mir hat) ein Bonner Germanist geschrieben (...), dass meine Kurzgeschichten eigentlich mit dieser Anekdoten-Satire-Karnevals-Tradition zu tun haben. (...).*[2]

Man könnte ergänzen, dass die Mischung von Frömmigkeit und Blasphemie auch ein Kennzeichen der Böllschen Prosa ist. Insofern gibt Böll bei der Charakterisierung Heines vielleicht unbewusst seine eigene Ästhetik wieder.

Böll bestätigt den Einfluss der lokalen Kindheitserinnerungen auf seine Literatur, wenn er weiter ausführt:

> *Die ständige (...) Begegnung mit der Kölner Malerei (...). Dieses merkwürdige Element, das es also zum Beispiel auch in Lochners 'Weltgericht' im Wallraf-Richartz-Museum gibt. Da habe ich als Kind schon gesehen, wie Päpste in der Hölle schmoren. (...) Die Leugnung vorgesetzter Obrigkeit. Das sind wahrscheinlich alles rheinische Elemente, die bis dato nur in der Malerei vorhanden waren. (...)*[3]

Man könnte dieser Bemerkung entnehmen, dass sich diese rheinischen Elemente jetzt auch in der Literatur niederschlagen, nämlich in der Böllschen. Damit liegt man sicherlich nicht falsch.

Bedeutsam für Bölls Schreiben ist der Krieg mit seinen Zerstörungen gewesen. In dem Gespräch lässt Böll diese Prägung auch in seiner Beziehung zur Heimatstadt durchblicken:

> *Vormweg: Sie haben eben schon darauf verwiesen, dass Sie ein stärkeres Heimatgefühl im Niederrheinischen haben. Ist denn Köln (...) für Sie eine Heimat?*
> *Böll: Es ist nicht mehr die Heimat, die es war. Dieses ungeheure Erlebnis heimzukehren, sagen wir: während des Krieges (...) das Gefühl, über die Brücke zu kommen, die ja in meinen Arbeiten auch eine große Rolle spielt, die Rheinbrücke, von der rechten auf die linke Seite – das war schon noch Heimat. Während des Krieges, kurz nach dem Krieg auch noch. Aber das hat sich mir völlig entfremdet, alles.*[4]

Als Gründe der Entfremdung gibt Böll die Veränderungen des Stadtbildes an, bedingt durch bauliche Zerstörungen und auch den modernen Autoverkehr. Man darf vermuten, dass aber auch ein geistiges Element hinzukommt, das immer wieder Thema Böllscher Prosa ist: die Entfremdung durch Nationalsozialismus und Krieg.

Eine Schlussbemerkung ist bei der Spurensuche nach Bölls Verbindung mit Köln noch aufschlussreich:

> *Vormweg: Eine Frage hätte ich noch: Sie leben in Köln...*
> *Böll: Ja. Aber ich bin nicht sehr oft hier. Das hat gar nichts mit Köln zu tun, das hat wieder viele andere Gründe, weil ich hier nicht in Ruhe arbeiten kann. Aber mein Wohnsitz ist Köln. Nicht mein erster, mein zweiter...*
> *Vormweg: Und welcher ist Ihr erster?*
> *Böll: In der Eifel. Ich bin also nicht mehr erstrangig Bürger der Stadt Köln. Das hat aber nichts zu bedeuten. Ich wohne und lebe in Köln.* [5]

Angesprochen ist das Wohnhaus in der Eifel, dort, wo Böll 1985 auch verstorben ist. Offenkundig bleibt das Lebensgefühl des Schriftstellers aber von der Stadt geprägt, in der er aufwuchs. In vielen seiner Romane schildert Böll städtische Lebenswelten und Gegebenheiten, die nicht ausdrücklich lokalisiert sind, aber problemlos auf Köln bezogen werden können.

Die ersten Geschichten, die Böll veröffentlichte, als er 1946 aus dem Krieg heimgekehrte, befassen sich mit dem gerade überstandenen Horror. Die Erzählung „Der Zug war pünktlich" aus dem Jahre 1948 handelt von einem jungen Soldaten namens Andreas, der sich auf der Bahnfahrt zur Front im Osten befindet, die bereits im Zusammenbruch begriffen ist. Er leidet Todesangst, weil er sich sicher ist, nicht mehr lebend nach Hause zu kommen. Von einer „heldenhaften" Attitüde ist dieser Antiheld weit entfernt, ebenso von jeglicher Soldaten-

"Romantik". Enge und Schmutz begleiten seine Bahnfahrt. Er empfindet die Zwänge, in die der Mensch eingebunden ist, als niederschmetternd und sinnlos. Zur Bahn hat ihn ein befreundeter Theologe begleitet, der aber auch in den vielen Gesprächen, die die Freunde zuvor geführt haben, weder Zuversicht noch Trost hat vermitteln können.

Zwei Jahre später veröffentlicht Böll eine kurze Erzählung, die ebenfalls berühmt wurde und gerne als Schullektüre verwandt wird: "Wanderer, kommst du nach Spa…" Diese hat ein ähnliches Thema: Ein blutjunger Soldat wird nach einer schweren Verwundung, die ihm Arme und ein Bein kosten, in ein Lazarett eingeliefert. An einem Schriftzug, der den Titel der Erzählung bildet, erkennt er, dass es sich bei dem Gebäude um seine alte Schule handelt.

Beide Erzählungen markieren nicht nur das bevorzugte Thema von Bölls frühem Schreiben, sondern auch seinen Stil. Man kann ihn als symbolischen Realismus bezeichnen. Die Realistik ergibt sich aus der schonungslosen Darstellung der Kriegsfolgen. Die Symbolik drängt sich in den Gegenüberstellungen auf: Schule als Hort humanistischer Bildung wird dem Lazarett als Ort des Zusammenbruchs der Humanität gegenübergestellt. Der an der Tafel angeschriebene Text stammt aus der Lyrik des Dichterfürsten Friedrich Schiller, der einen Spruch aus der antiken Literatur aufgreift, mit dem eine historische Schlacht romantisiert wird. Das gymnasiale Bildungsgut kontrastiert mit der blutigen Realität eines jetzt tatsächlich erlebten Krieges. Symbolik liegt auch in der "Zug"-Erzählung: Die erzwungene, lange Fahrt auf festen Schienen unterstreicht die Unaufhaltsamkeit des Weges ins Verderben.

An diesem symbolischen Realismus knüpft auch eine Kritik an Bölls Schreibstil an, die vor allem von feinsinnigen Lesern geäußert wird.

Sie stößt sich daran, dass Böll seine Aussagen vielfach auf der Oberfläche des Textes platziert, sodass sie dem Leser geradezu ins Auge springen. Die Symbolik ist überdeutlich. Für tiefsinniges Interpretieren, dem Lesen zwischen den Zeilen, bleibt häufig in Bölls Erzählungen nicht viel Raum. Damit verbunden erscheinen manche Figuren Bölls eher als Ideenträger, als dass sie sich psychologisch aus sich selbst heraus entwickeln könnten. Überdies erscheinen manche Plots der Geschichten kolportagehaft. Dass sich der Soldat Andreas nach Beendigung der Zugfahrt in einem Soldatenbordell in eine Prostituierte verliebt, die sich als Agentin für eine Widerstandsgruppe entpuppt und beide gemeinsam vor dem Krieg zu fliehen suchen, erscheint recht romanhaft. Auch die Identität des Lazaretts als Schule des Ex-Schülers, der jetzt Soldat und Krüppel ist, erscheint ziemlich wuchtig. Dennoch wird man zugeben müssen, dass die Symbolik ihre Wirkung auf den Leser nicht verfehlt.

Mit seinen Kriegs- und Nachkriegserzählungen reiht sich der Autor Böll in die so genannte Trümmerliteratur ein. Sie wurde von jungen Autoren geprägt, die eine angemessene Sprache für die Schrecken des Erlebten suchten und sich der aktuellen Wirklichkeit stellten. Sammelpunkt dieser Nachkriegsliteratur wurde die inzwischen legendäre Gruppe 47. Ihr Haupt, der Schriftsteller Hans Werner Richter, lud nach dem Verbot seiner Literaturzeitschrift durch die amerikanische Besatzungsmacht auf eigene Faust Autoren seiner Generation zum gegenseitigen Vorlesen ihrer Manuskripte ein. Bald schon stießen auch Verleger und Literaturkritiker dazu. Hofften sie doch zu Recht auf literarische Entdeckungen. Manche der später berühmt gewordenen Literaturgrößen der Bundesrepublik lernten sich bei den Gruppentreffen kennen und legten dort den Grundstein ihrer späteren Karrieren. Zu nennen wären der spätere Literaturnobelpreisträger Günter Grass, Martin Walser, Günter Eich, der Rhetorikprofessor Walter

Jens, der Literaturkritiker Marcel Reich-Ranicki. Auch Heinrich Böll wurde eingeladen. Mit seiner Erzählung „Die schwarzen Schafe" gewann er 1951 den Preis, den die Gruppe jährlich bei ihren Treffen ausschrieb. Von dem Zeitpunkt an hatte Böll keine Schwierigkeiten mehr, einen Verlag zu finden.

Bei der Erzählung handelt es sich um eine Satire: Der Ich-Erzähler berichtet von seinem Onkel Otto, der so umfassend gebildet ist, dass er zu jedem Thema klug sprechen kann. Allerdings beendet er jedes Gespräch damit, dass er den Gesprächspartner um Geld bittet. Onkel Otto geht nämlich keinem Beruf nach. Als er bei der Lotterie viel Geld gewinnt, wird er von einem Auto überfahren. Der Neffe, der ebenfalls der Stupidität beruflicher Arbeit entflieht, nimmt seine Stelle ein und wird das schwarze Schaf der nächsten Generation. Auch er gewinnt bei der Lotterie, wodurch er seinen Lebensunterhalt finanzieren kann.

Die Erzählung ist in mehrfacher Hinsicht aufschlussreich. Zum einen spiegelt sie das Lebensgefühl des Autors selber. Heinrich Böll hat keinen Beruf erlernt, kein Studium beendet und nach dem Krieg nur temporär für Geld gearbeitet. Von Beginn an wollte er nichts anderes sein als Schriftsteller. Des Weiteren reflektiert die Erzählung auch das Verhältnis von Geist und Materialismus: Während die bürgerliche Gesellschaft in der Nachkriegszeit am Wiederaufbau arbeitet, bleiben dem Intellektuellen (vom Schlage Bölls) die materiellen Früchte gleichgültig. Bedeutsam an der Erzählung ist die Form, ihr satirischer Charakter. Böll erweist sich hier als der geniale Satiriker, der er in seinem literarischen Werk stets bleiben wird. Nicht nur, dass Böll später ausnehmende Satiren verfasst wie „Nicht nur zur Weihnachtszeit", in der die oberflächliche Regularität des Weihnachtsfestes bis zur Absurdität verhöhnt wird. In vielen seiner Romane und Erzählungen, auch in seinem essayistischen Werk, schwingen satirische Züge mit, mal schwächer, mal deutlicher. Böll hat Zustände oder Verhaltensweisen, die er kritisieren wollte, gerne „auf die Schippe" genommen. Sein berühmter Roman „Ansichten eines Clowns" von 1963 liest sich streckenweise geradezu humoristisch.

Schon bald wandte sich Böll der gesellschaftlichen Gegenwart der jungen Bundesrepublik zu. In seinem Roman „„...und sagte kein einziges Wort" von 1953 stellt er eine zerrüttete Ehe in den Mittelpunkt einer Milieuschilderung. Die Eheleute, die miteinander drei Kinder haben, lieben sich zwar nach wie vor. Doch miteinander leben können sie nicht mehr. Die Entfremdung liegt weniger in der inneren Entwicklung der Personen begründet, als in den gesellschaftlichen Umständen. Im Nachkriegsdeutschland leben sie in einer so winzigen Wohnung, dass ehelicher Verkehr nicht mehr möglich ist, ohne dass die Kinder und sogar die Nachbarn davon berührt würden. Das Paar muss in ein Hotel ausweichen, um einmal unter sich zu sein. Hinzu kommt, dass der Vater und Ehemann seelisch aus der Bahn geworfen ist. Er trinkt Alkohol und schlägt in schlechten Momenten die Kinder. Ursache ist zum einen die Enge des Zusammenlebens. Die tiefere Ursache dürfte das Trauma des Krieges sein, der den Menschen den inneren Halt genommen hat. Als Konsequenz zieht der Ehemann aus und lebt in Hotels oder bei Bekannten. Seine Unbehaustheit ist Spiegelbild seiner seelischen Entfremdung. Die katholische Kirche, der beide Eheleute angehören, vermag keinen Trost zu spenden. Die Priester haben sich auf formale Abläufe der Gottesdienste und der Beichte festgefahren, ohne den Bedrängten eine wirkliche Hilfe zu sein. Böll zeichnet ein ebenso nüchternes wie bedrückendes Portrait aus der Welt der „kleinen Leute".

Reizvoll ist die Erzählform des Romans. Böll lässt gleich zwei Ich-Erzähler auftreten, den Ehemann Fred und die Ehefrau. Von Kapitel zu Kapitel alternierend berichten sie den Verlauf der Ereignisse aus ihrer jeweils subjektiven Sicht. Dadurch wirkt der Roman authentisch wie ein persönlicher Bericht. Schon zu dieser frühen Zeit kommen die Motive hervor, die Böll sein ganzes künstlerisches Leben begleiten werden: das Arme-Leute-Milieu, das Geld als seelenloser Motor gesellschaftlichen Lebens, die Kirchenkritik, das unterschwellige Kriegstrauma und die Herzlosigkeit von Wirtschaftswunder und Kapitalismus.

Einen Meilenstein der politisch engagierten Literatur setzte Böll 1963 mit dem Roman „Ansichten eines Clowns." Darin kehrt ein künstlerisch und finanziell gescheiterter Clown in seine Heimatstadt Bonn zurück und reflektiert in einer Art Monolog, unterbrochen von wütenden Telefonaten, seinen Blick auf die Welt. Er ist der Sohn einer reichen Unternehmerfamilie, der schon durch seine ungewöhnliche Berufswahl die Distanz zur Familie markiert hat. Sein zentraler Vorwurf an die Eltern lautet, dass sie Unterstützer und Mitläufer des Nazi-Regimes waren, infolgedessen ihre Tochter im Kriegseinsatz der letzten Tage sinnlos geopfert haben, sich aber nach dem Krieg blitzschnell auf die neuen Zeiten einstellten und jetzt wieder führende Positionen einnehmen, ohne ihre frühere Einstellung bereut und aufgearbeitet zu haben. Mit dieser Konstellation greift Böll literarisch das Thema „Verdrängung" auf.

Das zweite Thema des Romans ist der rheinische Katholizismus. Darin sieht Böll, selber gläubiger Christ, aber 1976 aus der Kirche ausgetreten, einen erkalteten Machtblock, der das Leben der Menschen nicht beflügelt, sondern beeinträchtigt. Der Clown lebt entgegen der Gesetze der Kirche mit einem Mädchen in „wilder Ehe" zusammen, da er den Trauschein als Zumutung empfindet. Er selber definiert sich als konfessionslos, seine Lebenspartnerin ist katholisch. Misstrauisch beäugt er, wie das katholische Umfeld seine große Liebe zur Umkehr drängt, um wieder in den „Schoß der Kirche" zurückzufinden. Als an den inneren Spannungen die Liebesbeziehung scheitert, wirft der Clown auch seine berufliche Existenz hin.

Das Buch ist ein Zeitroman, der aus der subjektiven Sicht eines Außenseiters beißende Kritik an gesellschaftlichen Zuständen in der jungen Bundesrepublik übt. Seine Grundhaltung ist ein gewisser Anarchismus, der jeder institutionellen Regelhaftigkeit das subjektive Bedürfnis des einzelnen Menschen entgegensetzt. In der Öffentlichkeit erregte der Roman großes Aufsehen und wurde kontrovers diskutiert. Auch im Ausland geriet das Buch zum Verkaufserfolg, übersetzt in viele Sprachen. Böll festigte seinen internationalen Ruhm. Aus heutiger Sicht muten manche Attacken im Roman historisch an, weil sich die deutsche Gesellschaft seit den 60er Jahren im Hinblick auf verbindliche Konventionen stark liberalisiert hat. Auch die Kirchenkritik greift in dieser Weise heute nicht mehr, seit die katholische Kirche die autoritären Züge deutlich abgebaut hat.

Vor allem in formaler Hinsicht ungewöhnlich ist der Roman „Gruppenbild mit Dame" von 1971. Darin vollzieht Böll das vielfach widerständige Leben einer deutschen Frau namens Leni Gruyten von den 20er Jahren bis zur Gegenwart nach. Dies erfolgt aber nicht durch einen klassischen Erzähler, der chronologisch berichten würde, sondern durch einen fiktiven Verfasser (abkürzend „Verf." genannt), der wie ein Archivar Dokumente und Zeugenaussagen sammelt und die einzelnen Teile zu einem Gesamtbild zusammenfügt. Damit greift der Roman das Genre der Dokumentarliteratur auf, nur dass die Dokumente hier ebenso fiktiv sind wie die ganze Geschichte. Dadurch verdeutlicht Böll sein künstlerisches Credo, dass sich Wirklichkeit nur über Sprache vermitteln lasse und damit fiktive Literatur die Wirklichkeit besser treffen könne als reale Dokumentation. Überdies belegt Böll mit dieser innovativen Form einmal mehr, dass er stets ein experimentierfreudiger Stilist gewesen ist. Man denke daran, dass er in seinem Roman „… und sagte kein einziges Wort" zwei Ich-Erzähler einführt, die sich von Kapitel zu Kapitel alternierend abwechseln; in seinem „Irischen Tagebuch" überlappt Böll Reisebericht und philosophische Reflexion; der „Clown" spielt nur in wenigen Stunden und holt die dargestellten Geschichten durch Erinnerungen in die Gegenwart des Romans; in seinem letzten Roman „Frauen vor Flusslandschaft" von 1985 verzichtet Böll gänzlich auf erzählende Passagen und verfasst das Buch in Form eines Theaterstücks mit Dialogen und Monologen.

Auch in seiner berühmtesten Erzählung, „Die verlorene Ehre der Katharina Blum" von 1974, trifft ungewöhnliche Form auf brisanten Inhalt. Die Erzählung befasst sich mit den Auswirkungen eines ungehemmten Boulevard-Journalismus vor dem Hintergrund der Terrorismusfurcht in der Zeit der damals so bezeichneten „Baader-Meinhof-Gruppe", der späteren RAF (Rote Armee Fraktion). Die Titelheldin, eine 27-jährige Frau, von Beruf Hauswirtschafterin, lernt auf einer Party zu Karneval einen jungen Mann kennen, mit dem sie anschließend in ihrer Wohnung die Nacht verbringt. Der junge Mann wird aber von der Polizei observiert, da er im Verdacht steht, an Banküberfall und Mord beteiligt gewesen und Mitglied einer Terrorgruppe zu sein. Als die Polizei am Morgen die Wohnung stürmt, ist der junge Mann bereits verschwunden. Die Polizei verhört auf der Wache statt seiner nun Katharina Blum. Eine Boulevard-Zeitung erweckt durch grelle Überschriften und Unterstellungen den Eindruck, Katharina Blum stecke mit Terroristen unter einer Decke. Bei ihren Recherchen arbeitet die Zeitung mit der Polizei zusammen, die rechtswidrig interne Informationen herausgibt und dreht befragten

Zeugen aus dem privaten Umfeld Katharinas das Wort im Munde herum. In der Folge quillt der Briefkasten Katharinas über vor anonymen Briefen üblen Inhaltes. Ihre Integrität ist zerstört. Am Ende einer eskalierenden Entwicklung erschießt sie den Journalisten, der ihr die Ehre geraubt hat. Böll verfasst die Erzählung in einem betont nüchternen Berichtsstil, der an Polizeiprotokolle oder wahlweise an Zeitungsartikel erinnert. Damit entspricht die äußere Form der Erzählung ihrem dargestellten Inhalt.

Für den heutigen Leser muss man inzwischen, nachdem 40 Jahre seit Erscheinen des Buches vergangen sind, Hintergründe benennen, die dem Leser der 70er Jahre nur zu präsent waren. Die linksradikale Baader-Meinhof-Gruppe, später RAF genannt, zielte mit gewaltsamen Anschlägen auf die Existenz des Staates. Es begann mit Brandstiftungen, steigerte sich zu Banküberfällen und mündete später in gezielte Mordanschläge auf Repräsentanten des öffentlichen Lebens. Auch Polizisten und Beifahrer fielen dem Terror zum Opfer. Heinrich Böll hatte 1972 einen Essay im Magazin „Der Spiegel" veröffentlicht, in dem er die „Bild-Zeitung" scharf angriff, weil sie nach seiner Ansicht einen vorhergehenden Banküberfall ohne Beweise der Terrorgruppe zugeordnet und durch übertriebene Berichterstattungen eine Hysterie in der Bevölkerung erzeugt habe. Böll wurde daraufhin von Publizisten ebenso scharf attackiert und sogar der Sympathie für Terroristen geziehen. Mit der „Katharina Blum" griff Böll sein Thema von vor zwei Jahren literarisch auf, wie er stets aktuelle Themen literarisch verarbeitet hat. Die Erzählung wurde ein großer Verkaufserfolg und schärfte Bölls Ruf als öffentliche Reizfigur, die die Leserschaft in Bewunderer und erbitterte Gegner spaltete.

Dass Böll in dem so kontrovers diskutierten „Spiegel"-Essay von 1972 öffentlich Stellung bezogen hatte, entsprach seinem Selbstverständnis als Schriftsteller. Seit den 50er Jahren schon begleitete er die politische, gesellschaftliche und kulturelle Entwicklung der Bundesrepublik mit einer Vielzahl von Aufsätzen und Kritiken, die von seinem Verlag in Essaybänden zusammengefasst wurden. Böll hat diese Schriften ausdrücklich als gleichberechtigten Teil seines literarischen Werkes verstanden. Und tatsächlich weisen die Essays betont literarische Züge auf. Sie reichen von überraschenden Perspektiven über die Lust an verspielten Formulierungen und über intertextuelle Bezüge bis zu Ironie und Satire. Gerne begibt sich der Autor in die Position des scheinbar naiven Durchschnittsbürgers, um von dort aus die Begebenheiten der großen Politik zu kommentieren. Grundlegend bleibt ein warmer Unterton schlichter Menschlichkeit, der aber auch mit scharfer Aggressivität kontrastieren kann. Objektivität und ausgleichende Gerechtigkeit gehören wahrlich nicht zu den Charakteristika dieser Essays, vielmehr nimmt der Autor meist eine subjektive und nicht selten provozierende Haltung ein. Der tiefere Grund für Bölls fleißige Essayistik dürfte in dem Selbstvorwurf seiner Generation liegen, in der Zeit des Nationalsozialismus keinen Widerstand geleistet zu haben. Das sollte im demokratischen Gemeinwesen anders werden. Der Titel des vierten Schriftenbandes, der 1977 erschien, mag symptomatisch für die Forderung Bölls an einen wachen Staatsbürger in der Demokratie stehen: „Einmischung erwünscht."

Wenn Bölls Einmischungen auch viel Kritik hervorriefen, so feierte er ausgerechnet im Jahre seines umstrittenen „Baader-Meinhof"-Essays und seines Wahlkampfengagements für Bundeskanzler Willy Brandt seinen größten Triumph: 1972 wurde ihm der Nobelpreis für Literatur zugesprochen. Böll erfuhr von der Ehrung auf einer privaten Reise nach Israel. Nicht nur der deutsche Bundespräsident Gustav Heinemann gratulierte, Böll wurde auch von der israelischen Ministerpräsidentin Golda Meir zu einem persönlichen Gespräch empfangen. Vor dem Hintergrund der historisch belasteten Beziehungen Deutschlands zu Israel eine besondere Auszeichnung.

Bölls letzter Roman, erschienen kurz nach seinem Tod 1985, trägt den Rhein quasi im Titel: „Frauen vor Flusslandschaft". Er streift noch einmal die Themen, die Böll wichtig waren: das politische Zentrum Bonn mit seinen Intrigen, den Zynismus einer Männergesellschaft, ihre Verstrickung in die Nazi-Vergangenheit, die Unterschiede zwischen Machthabern und den „kleinen Leuten". Der Tonfall des Buches ist bitter und traurig.

Beerdigt wurde Heinrich Böll auf Wunsch der Familie nach katholischem Ritus, obgleich der Verstorbene offiziell der Kirche nicht mehr angehörte. Seinen Sarg trugen neben seinen Söhnen auch die Weggefährten Günter Grass, Lew Kopelew und Günter Wallraff. Im Trauerzug ging der damalige Bundespräsident Richard von Weizsäcker mit. Bezeichnenderweise nicht an der Spitze, sondern im Gefolge. Damit drückte der Bundespräsident aus, dass die Bundesrepublik Deutschland ihren bekanntesten Schriftsteller ehrte, aber ihn, den Staatsskeptiker, nicht vereinnahmte.

Spätestens seit der Wiedervereinigung 1989 scheint die öffentliche Bedeutung Bölls abzuklingen. In den Buchhandlungen liegen seine Werke kaum noch aus. Heutige Jugendliche kennen vielfach nicht mal seinen Namen. Dadurch festigt sich der Eindruck, dass Böll der literarische Repräsentant einer bestimmten, inzwischen abgeschlossenen Epoche war: der Nachkriegszeit und der alten „Bonner Republik". Ob seine Werke die künstlerische Kraft besitzen, den Epochenbruch zu überdauern, muss die Zukunft erweisen.

Anmerkungen:

(1) Böll, Heinrich und Vormweg, Heinrich: Weil die Stadt so fremd geworden ist …, dtv, München 1987, S. 72
(2) Ebda, S. 73f.
(3) Ebda, S. 74f.
(4) Ebda, S. 76f.
(5) Ebda., S. 80

Literatur:

Böll, Heinrich: Werke, Kölner Ausgabe, 27 Bände; hrsg. v. Arpad Bernath, Kiepenheuer und Witsch, Köln 2002-2010.

Scheurer, Hans (Hrsg.): Heinrich Böll – Bilder eines Lebens, Kiepenheuer und Witsch, Köln 1995.

Schubert, Jochen: Heinrich Böll, Theiss, Darmstadt 2017.

Köln:

GEORG WEERTH (1822-1856)
UND DER LITERARISCHE SOZIALISMUS

Georg Weerth (1822-1856) war nach den lobenden Worten von Friedrich Engels der erste Dichter der Arbeiterklasse. Den gebürtigen Detmolder als einen rheinischen Dichter zu bezeichnen, wäre hingegen vermessen. Zwar wurden die Texte des jungen Weerth vornehmlich in Köln veröffentlicht. Doch war kaum ein Schriftsteller so polyglott wie Weerth. Der gelernte Kaufmann begann seine berufliche Laufbahn in Wuppertal, Köln und Bonn, ging dann nach London und Brüssel und nahm an der 48-er Revolution in Paris teil. Später reiste er durch Spanien und Portugal. Schließlich trat er in die Dienste von Übersee-Gesellschaften, die ihn nach Brasilien, Venezuela und Peru führten. Auf Kuba wollte der abenteuerlustige junge Mann schließlich dauerhaft Wohnung nehmen. Mit nur 34 Jahren starb er in Havanna an einem Tropenfieber. In der Hauptstadt des Inselstaates ist Georg Weerth auch begraben.

Im Rheinland jedoch bot sich dem aufstrebenden Dichter die Möglichkeit der Publikation. Die „Kölnische Zeitung" druckte von 1843 an seine Gedichte. Denn Weerth arbeitete seit 1840 in einer Kölner Handelsfirma und hatte sich in den regionalen Literaturkreisen bekannt gemacht. Doch bereits 1843 trat er eine Kaufmannsstelle in England an. Von dort aus schrieb er nun Reiseberichte und andere Texte, die meist in der „Kölnischen Zeitung" veröffentlicht wurden. Nachdem sein Beruf ihn 1846 erst nach Brüssel verschlagen hatte, wurde er 1848 Redakteur bei einer anderen Kölner Zeitung: Die „Neue Rheinische Zeitung" verstand sich als ausgesprochenes Oppositionsblatt. Ihr Chefredakteur war Karl Marx. Die Zeitung unterstützte das Aufbegehren des Bürgertums gegen die Herrschaft und Willkür der Fürsten. Zudem thematisierte sie das soziale Elend der unteren Schichten, wie es in der Frühzeit der Industrialisierung entstanden war. Schon in seinen Reiseberichten aus England hatte Weerth auf die soziale Not der Arbeiter hingewiesen. Bis zum Verbot der Zeitung 1849 durch den preußischen Staat fungierte Weerth als Feuilletonchef. Bereits zuvor hatte er Gedichte und Prosastücke in dem revolutionären Blatt veröffentlichen können. Dass ihm die sozialen Verhältnisse im Rheinland durchaus bekannt waren, davon zeugen eine Reihe von Gedichten, die direkten Bezug auf die wirtschaftliche und politische Situation im Rheinland nehmen:

Die rheinischen Weinbauern

An Ahr und Mosel glänzten
Die Trauben gelb und rot;
Die dummen Bauern meinten,
Sie wären aus jeder Not.

Da kamen die Handelsleute
Herüber aus aller Welt:
„Wir nehmen ein Drittel der Ernte
Für unser geliehenes Geld!"

Da kamen die Herren Beamten
Aus Koblenz und aus Köln:
„Das zweite Drittel gehöret
Dem Staate an Steuern und Zölln!"

Und als die Bauern flehten
Zu Gott in höchster Pein,
Da schickt er ein Hageln und Wettern
Und brüllt: „Der Rest ist mein!"[1]

(…)

Inhaltlich geht es in dem Gedicht um die Ausbeutung der unmittelbar Produzierenden durch private Kapitalgesellschaften und den Staat. Eines der zentralen Themen der frühen Sozialisten. Die Winzer scheinen die Mechanismen der Ausbeutung aber nicht zu erkennen. Sie werden als „dumm" bezeichnet. Daraus ergibt sich die Legitimation des Gedichtes, das zur Aufklärung beitragen soll. Vorerst suchen die Winzer aber Hilfe bei Gott. Dass ihre Gebete nicht helfen, sondern im Gegenteil Naturkatastrophen die Ernte vernichten, ist offenkundig als Beleg gedacht, dass „Religion Opium fürs Volk ist", wie Karl Marx es in seiner sozialistischen Theorie ausdrückte. Stilistisch erinnert das Gedicht an die schlichten Verse eines Volksliedes. Darin ist es dem Stil Heinrich Heines nicht unähnlich, den Weerth verehrte und den er sogar in Paris aufsuchte. Die satirische Überspitzung mit dem Plot bringt Schärfe in den nur scheinbar romantischen Tonfall.

Das Gedicht gehört literarhistorisch in die Epoche des „Vormärz". Damit sind die Jahre vor der Märzrevolution 1848 in Deutschland gemeint. Teile des Bürgertums, angeführt von Studenten und Professoren, erhoben sich im Revolutionsjahr gegen die Fürsten, um liberale Verfassungen zu etablieren und die Partizipation des Bürgertums an der politischen Macht einzufordern. Zudem sollten Pressezensur und die Verfolgung der Opposition ein Ende haben. Nach anfänglich erfolgreichen Aufständen, die die Einberufung der Nationalversammlung in der Frankfurter Paulskirche zur Folge hatten, scheiterte die Revolution am gewaltsamen Eingriff des Militärs. Ebenso wie Ferdinand Freiligrath, der ebenfalls für die „Neue Rheinische Zeitung" tätig war, wollte auch Georg Weerth mit seiner Dichtung politische Wirkung erzielen und den Umsturz der Machtverhältnisse herbei schreiben. Dabei war er allerdings radikaler als sein Freund Freiligrath.

Sein berühmtestes Gedicht, das heute noch in den Lesebüchern zu finden ist, entsprang dieser Haltung: „Das Hungerlied". Es beginnt so:

> *Verehrter Herr und König,*
> *Weißt du die schlimme Geschicht?*
> *Am Montag aßen wir wenig,*
> *Und am Dienstag aßen wir nicht.* (2)
> (…)

Das dreistrophige Gedicht, das einen verzweifelten Hilferuf darstellt, steigert die Schilderung der Not von Vers zu Vers. Es endet in einer satirischen Drohung: sollte der König nicht für Brot sorgen, werde er selbst gefressen.

Neben allgemeinen Bezügen zur sozialen Wirklichkeit, wie sie auch das große Poem „Die Industrie" ausdrückt, beziehen sich andere Gedichte Weerths auf konkrete Personen und Schauplätze in Köln und Düsseldorf; also dort, wo er sich im Vorfeld der Revolution aufhielt. Dazu zählt namentlich sein Gedicht „Heute morgen fuhr ich nach Düsseldorf":

> *Heute morgen fuhr ich nach Düsseldorf*
> *In sehr honetter Begleitung:*
> *Ein Regierungsrat – er schimpfte sehr*
> *Auf die Neue Rheinische Zeitung.*
> *„Die Redakteure dieses Blatts",*
> *So sprach er, „sind sämtlich Teufel;*

> *Sie fürchten weder den lieben Gott*
> *Noch den Ober-Prokurator Zweiffel.* ⁽³⁾
> (...)

Den Oberprokurator Zweiffel gab es wirklich. Er wirkte in Köln, dort wo die Rheinische Zeitung erschien und verfolgte die politische Opposition. Mit der Nennung des damals bekannten Namens und des Bezugs auf die Rheinische Zeitung verankert Weerth sein Gedicht in der unmittelbaren Aktualität. Im Verlauf der weiteren Strophen breitet der mitreisende Regierungsrat seine Vorurteile gegen die Redakteure aus. Sie reichen über die Abschaffung der Ehe und des Eigentums bis zur Gottlosigkeit. Dabei scheinen vor allem seine Auslassungen über die unterstellte Vielweiberei seinen eigenen Fantasien zu entspringen. Die Komik des Gedichtes liegt darin, dass der reisende Redakteur sich erst spät als Mitarbeiter des geschmähten Blattes zu erkennen gibt. Selbstsicher kehrt er die Vorwürfe des Regierungsrates um, indem er diesem in seinem „heitern Feuilleton" bewusst ein ironisches Denkmal setzt. Auch dieses erzählende Gedicht mit seinen 18 Strophen ist in leichtem Volksliedton gehalten und erinnert an die kritischen und satirischen Wintermärchen-Strophen Heinrich Heines.

Nur eine geringe Zahl von Gedichten konnte Georg Weerth in seiner kurzen Lebenszeit veröffentlichen. Sie erschienen verstreut in Zeitungen und Zeitschriften. Viele blieben ungedruckt. Der Dichter stellte selber eine Anthologie seiner Gedichte zusammen, doch kam es nicht mehr zum Druck. Eine gesammelte Werkausgabe erschien erst 1956 in der ehemaligen DDR.

Als spitzer Satiriker trat Georg Weerth auch in Prosatexten hervor. Seine Erfahrungen als Lehrling und später Mitarbeiter in deutschen Handelshäusern verarbeitete er in den „Humoristischen Skizzen aus dem deutschen Handelsleben". Sie erschienen in mehreren Folgen in der „Kölnischen Zeitung", später in der „Rheinischen Zeitung". Hauptperson ist der Chef des Comptoires Herr Preiss. Sein autoritäres Gehabe, stolziertes Auftreten und teils rücksichtsloses Geschäftsgebaren werden gnadenlos durch den Kakao gezogen. Aber auch das Innenleben des Handels im 19. Jahrhundert findet eine satirische Zuspitzung. Die Lektüre bereitet auch dem heutigen Leser noch Vergnügen. Zum einen wegen der wahrhaft komischen Darstellungen, zum anderen wegen des authentischen Einblicks in den Büroalltag der Zeit:

> *Die Uhr schlägt acht, und knarrend dreht sich die Tür in den Angeln. Eintritt der Herr Preiss (...) Der Herr Preiss nimmt die Brille aus dem Futteral und beginnt seine Morgenandacht; er liest den Amsterdamer Handels- und Börsenbericht. Lassen wir ihn lesen.*
>
> *Wir wollen zurück nach der Türe sehen. Sie öffnet sich zum zweiten Male, und herein tritt der Buchhalter des Geschäftes, ein Vierzigjähriger; an der Hand führt er einen Knaben, kaum fünfzehn zählend (...) „Hier ist unser neuer Lehrling!" beginnt der Buchhalter, nachdem er den im Lesen vertieften Herrn einige Male spähend umwandelt hat.*
>
> *„Ha, das fehlt auch noch!" erwidert der Herr Preiss. „Jetzt soll man sich wieder mit einem dummen Jungen abgeben!" Dann auf den zarten Handelsbeflissenen losschreitend, fährt er fort: „Aber kommen Sie nur näher, mein lieber Sohn; ich habe mit Ihrem Vater den Kontrakt schon geschlossen. Sie stehen nun auf der Schwelle eines neuen Lebens, und wenn Sie sich nur gut halten, so wird es Ihnen auch schon gut gehen – aber das findet sich alles erst später."*

"Später, später!" wiederholt der Buchhalter bedeutsam. Das fromme, merkantilische Schlachtopfer errötet und verneigt sich ehrfurchtsvoll.

"Vor allen Dingen will ich Sie gleich mit Ihren Arbeiten bekannt machen. Arbeit ist unser Los, Arbeit ist unsre Bestimmung; mit der Arbeit verdienen wir unseren Käse und unser Brot, unsern roten und weißen Wein; die Arbeit bringt uns Lilien und Rosen.

Am besten tun Sie, wenn Sie am Morgen in aller Frühe aufstehen. Sie verrichten Ihr Gebet und gehen dann auf die Post, indem Sie den Offizianten erklären, Sie wären der neue Lehrling des Herrn Preiss (...)" [4]

Eine weitere Satire, die Weerth in einzelnen Fortsetzungsfolgen schrieb, ist „Leben und Taten des berühmten Ritters Schnapphanski". Damit ironisiert der Autor das ebenso lebenslustige wie verantwortungslose Treiben einer adeligen Oberschicht. Anti-Held der in sich abgeschlossenen Geschichten ist ein Adeliger, der alle schlechten Charaktereigenschaften auf sich vereinigt und nur seinem eigenen Lusttrieb lebt. So provoziert er ein Duell, vor dem er sich dann aber aus Feigheit drückt oder verspricht einer Frau unter falschem Namen die Ehe, die er dann mit dem gemeinsamen Kind ohne Abschied sitzen lässt. Die teils haarsträubenden Begebenheiten hatten für den Schriftsteller ein reales Nachspiel. Der Schnapphanski war nämlich einer bekannten Person nachgebildet, dem skandalumwitterten Fürsten Felix Lichnowski, Mitglied der Nationalversammlung in der Frankfurter Paulskirche. Ihm traute die Öffentlichkeit solch tolldreisten Erlebnisse durchaus zu. Bereits Heinrich Heine hatte ihn in seinem Epos „Atta Troll" auf die Schippe genommen und ihm auch das Pseudonym Schnapphanski verpasst. Als der Fürst 1848 bei Aufständen in Frankfurt ums Leben kam, wurde die „Rheinische Zeitung" der Mitverantwortung gezogen und Georg Weerth zu drei Monaten Gefängnis verurteilt. Er musste die Strafe absitzen, als er 1850 geschäftlich wieder in Deutschland zu tun hatte. Der Ruf des Fürsten blieb wohl ruiniert. Die Schnapphanski-Geschichten erschienen 1849 als Buch.

Wie viele deutsche Dichter der klassischen Zeit entstammte auch Georg Weerth einem evangelischen Pfarrhaus. Sein Vater war in Detmold Generalsuperintendent. In vielen Briefen an seine Mutter versuchte der Kaufmann und Dichter, ihr sein politisches Engagement zu erklären. Dabei ging er offenbar nicht davon aus, verstanden zu werden. Seine Erfahrung mit wirtschaftlicher Ausbeutung und sozialer Verelendung vor allem in England trieb ihn in die Arme der frühen Sozialisten. Mit Friedrich Engels, der 1845 eine Studie über die Arbeiterschicht in England veröffentlichte, schloss er Freundschaft. Dem Kommunistischen Bund, den Karl Marx gründete, stand er zumindest nahe. Doch seine persönliche Verbundenheit zu den Eltern blieb bestehen. In der Literaturgeschichte hat Weerth seinen Platz gefunden, indem er die Soziale Frage auf poetische Weise stellte.

Anmerkungen:

(1) Weerths Werke, Bd.1, S. 50, a.a.O.
(2) Ebda, S. 49
(3) Ebda, S. 79
(4) Weerths Werke, Bd. 2, S. 8 f., a.a.O.

Literatur:

Weerths Werke in zwei Bänden, Einleitung von Bruno Kaiser, Bibliothek dt. Klassiker; hrsg. v. den Nationalen Forschungs- und Gedenkstätten der klassischen deutschen Literatur in Weimar, Aufbau-Verlag, Berlin und Weimar 1980.

Georg-Weerth-Gesellschaft Köln: www.gwg-koeln.org

Kaiserswerth

FRIEDRICH SPEE (1591-1635)
UND DIE GEISTLICHE DICHTUNG

Die Nachwelt hat Friedrich Spee vor allem als Autor der „Causa Criminalis" im Gedächtnis behalten. Jener legendären Kampfschrift gegen die Hexenprozesse, die erstmals 1631 im westfälischen Rinteln erschien. Und zwar anonym. Denn im 17. Jahrhundert war es durchaus gefährlich, sich gegen die Hexenverfolgung auszusprechen. Besonders am Niederrhein, in Köln und auch in Westfalen wütete der Hexenwahn in katastrophalen Ausmaßen. Ziemlich wahllos wurden Frauen bezichtigt, gefoltert und schließlich lebendig verbrannt. Friedrich Spee war Jesuitenpater und Priester. Nach seinen Aufzeichnungen zu urteilen, hat er offenbar Opfer in Kerkern besucht und sie als geistlicher Beistand zum Scheiterhaufen begleitet. Daraus scheint sich seine Überzeugung abgeleitet zu haben, wie wahn- und unsinnig die Justiz verfuhr.

Entscheidend an seiner Schrift ist die Argumentation aufgrund von Vernunft. Spee legt für jeden Leser nachvollziehbar dar, warum die Folterung von verdächtigten Frauen zu keinem begründbaren Ergebnis führt. Gleich wie das verhaftete Opfer sich verhält, ob es die Folterungen erträgt oder an ihnen zerbricht, seine Reaktion wird stets als Indiz für die „Schuld" ausgelegt. Damit aber projizieren die Richter und Handlanger ihre eigenen Vorurteile in das Opfer hinein, statt zu einer wahren „Erkenntnis" zu gelangen. Es ist die Berufung auf die Vernunft, die die „Causa Criminalis" zu einer Schrift hat werden lassen, die ihr einen festen Platz in der Geistesgeschichte der Aufklärung sichert. Sie gehört in die lange Reihe der Bücher, die Vorurteile und Irrationalität durch vernünftiges Denken ersetzt haben.

Es ist aber nicht nur Vernunft, die die Schrift auszeichnet. Wesentlicher Antrieb zum Verfassen war die christliche Nächstenliebe. Der Glaube an den gnädigen Gott durchdringt Spees gesamtes schriftstellerisches Werk; das „fachliche" ebenso wie das poetische. Zur poetischen Kategorie gehören besonders eine umfassende Gedichtsammlung und eine große Anzahl von Kirchenliedern.

Denn Friedrich Spee gilt als einer der bedeutendsten Liederschöpfer der Barockzeit. Zumal als ein Dichter, von dem viele Lieder die Jahrhunderte überdauert haben. Sie sind heute vor allem Besuchern von katholischen und evangelischen Gottesdiensten präsent. Kirchenlieder wie „Zu Bethlehem geboren" oder „O Heiland reiß die Himmel auf" gehören zu den bekanntesten geistlichen Liedern deutscher Sprache; zudem auch zu den beliebtesten. Keine Adventszeit, in der folgende Verse nicht in unseren Kirchen gesungen würden:

O Heiland reiß die Himmel auf,
Herab, herab vom Himmel lauf.
Reiß ab vom Himmel Tor und Tür,
Reiß ab, wo Schloss und Riegel für.

O Gott, ein Tau vom Himmel gieß,
Im Tau herab, o Heiland, fließ.
Ihr Wolken brecht und regnet aus
Den König über Jakobs Haus.

> *O Erd, schlag aus, schlag aus, o Erd,*
> *Dass Berg und Tal grün alles werd.*
> *O Erd, hierfür dies Blümlein bring,*
> *O Heiland, aus der Erden spring.*[1]
>
> (…)

Die Strophen entfalten eine ungeheure Dynamik. Der Mensch fordert Gott geradezu auf, seinen Sitz im Himmel zu verlassen und in Windeseile zu den Menschen zu stürzen. Denn die Menschen brauchen Gottes Anwesenheit wie die Luft zum Atmen. Dabei gewinnen die poetischen Bilder fast brachiale Kraft: Beim Lauf vom Himmel brechen alle Schlösser des Himmelstores, aus dem Tau wird ein Platzregen. Die Erde steht mit dem Himmel in Korrespondenz: Wenn Gott aus dem Himmel eilt, dann bricht sich auch auf der Erde das Leben Bahn. In der Natur spiegelt sich das Wirken des Schöpfers.

Es sind diese lebensprallen Bildschöpfungen, die den Leser packen. Kein Wunder, dass in der Kirche dieses Lied erfahrungsgemäß mit besonderer Inbrunst gesungen wird (wozu auch die mitreißende Melodie ihren Beitrag leistet). Typisch für den Stil der Barockzeit ist die Häufung und Wiederholung der Sprachbilder. Wie aus den überbordenden Stuckverzierungen in barocken Kirchen bekannt, so kleidet sinngemäß auch der Dichter des Barock seinen Grundgedanken in immer weitere Sprachbilder ein und wiederholt sie gern. Das ist der Geschmack der Zeit. Ihre Wirkung verfehlen die Techniken aber auch heute nicht.

Die Kirchenlieder erschienen in der Regel anonym. Das war im 17. Jahrhundert üblich. Nicht der Autor galt als wichtig, sondern der religiöse Inhalt. Deshalb haben es heutige Forscher nicht einfach, die verstreut publizierten Lieder den einzelnen Autoren zuzuordnen. Aufgrund von stilistischen Merkmalen scheint dies bei vielen Liedern aus der Feder Spees gelungen zu sein. Letzte Sicherheit gibt es natürlich nicht. Übrigens soll Spee auch einige Melodien selber komponiert oder bestehende Melodien auf seine Texte hin abgewandelt haben.

Eindeutig zugeordnet ist die Gedichtsammlung Spees, die auf ihrem Titelkupfer die Jahreszahl 1634 trägt. Sie bildet einen Zyklus aus über 50 geistlichen Liedern. Darunter sind Lobgesänge auf Gott als den Schöpfer allen Seins, eine im übertragenden Sinne Liebeslyrik zwischen der menschlichen Seele und Christus, Buß- und Passionsgedichte sowie Hirtenlieder im antiken Stil, die auf christliche Inhalte umgedeutet werden. Diese Sammlung trägt den für heutige Leser merkwürdigen Titel „Trvtz-Nachtigal".

Was mit dem Titel gemeint ist, erklärt Spee in einem kurzen Vorwort selber:

> *TrutzNachtigal wird das Büchlein genant weil es trutz allen Nachtigalen süß und lieblich singet und zwar auff recht Poetisch.*[2]

Die Schönheit der Lieder kann also mit dem Wohlklang des Gesangs der Nachtigall mithalten. Die Nachtigall ist eine Chiffre aus der Antike für den Dichter. Somit tritt das Buch in eine Art Wettstreit mit den Leistungen anderer Autoren und insbesondere der lateinisch schreibenden. Spee schreibt auf Deutsch. Denn er misst dem Deutschen die gleiche poetische Ausdruckskraft zu wie dem Lateinischen, das immer noch als eine Art offizieller Sprache der gelehrten Welt gilt.

Auch Spee zielt mit dieser Liedersammlung ausdrücklich auf den gebildeten Leser. Dieser soll sich auf einem hohen ästhetischen Niveau angesprochen fühlen. Das hohe Niveau sichert Spee durch eine durchdachte Sprachgestaltung. Er legt größten Wert auf einen harmonischen Rhythmus. Dabei soll der natürliche Akzent der Aussprache des Deutschen ebenso wegweisend sein wie die gezielte Abfolge von betonten und unbetonten Silben in den Versmaßen von Jambus und Trochäus.

Künstlerisch bedeutsam ist ebenso die Behandlung der Themen. Die Gedichte sind häufig aus einer subjektiven Sicht geschrieben, in der Ich-Form. Das ist nicht identisch mit der Erlebnislyrik, wie sie erst zu Zeiten Goethes entsteht. Dem 17. Jahrhundert ist die Zentrierung eines Gedichtes um die eigene Person fremd. Der Inhalt bleibt auch bei Spee „objektiv" im Sinne biblischer Überlieferung. Aber der Zugang zu den geistlichen Inhalten wirkt authentischer, wenn er über ein sprechendes Ich erfolgt:

> O JESV mein du schöner Held
> Lang warten macht verdriessen:
> Groß Lieb mir nach dem Leben stellt,
> Wan soll ich dein geniessen?
> O süsse Brust!
> O freud, vnd lust!
> Hast endlich mich gezogen:
> O miltes Hertz!
> All pein, vnd schmertz
> Jst nun in wind geflogen.[3]

Ebenso auffallend sind die häufigen Bezüge zur Natur. Gern werden Wälder und Wiesen, Bäume und Bäche, Himmel und Erde angeführt. Darin liegt die Vorstellung, fromme Dichtung sei eine Art Spurensuche. Da Gott der Schöpfer allen Seins ist, begegnet ihm der Mensch am besten in der Natur. Die Schönheit seines Werkes erlaubt dem Menschen einen Rückschluss auf die Herrlichkeit Gottes. Dieser Gedanke wird übrigens zwei Jahrhunderte später in der Romantik wieder virulent. Dichter wie Joseph von Eichendorff greifen dieses Konzept wieder auf.

Eine Abteilung der Nachtigall-Sammlung besteht aus so genannten Eklogen, also Hirtengedichten. Deren Tradition geht auf die Antike zurück, auf Dichter wie Vergil. Friedrich Spee nimmt die Form auf, überträgt sie aber auf die christlichen Inhalte. Was umso leichter fällt, als der Hirte in der christlichen Ikonographie eine bedeutende Rolle spielt. Schließlich sind es die Hirten, die die Geburt des Jesuskindes zu Bethlehem als erste entdecken und verkünden.

Die „Trutz-Nachtigall" wirkte in ihrer Zeit stilbildend und erfuhr in den nächsten 50 Jahren nach ihrer Erscheinung mehrere Auflagen. Andere Autoren der Zeit orientierten sich an dem Band. Zwei Jahrhunderte später nehmen die Romantiker Clemens Brentano und Achim von Arnim einige der Spee-Gedichte in ihre 1806-1808 herausgegebene Sammlung „alter" Lieder auf, der sie den klangvollen Titel „Des Knaben Wunderhorn" geben und die zu einem literarischen Wahrzeichen der Romantik wird.

Über 20 der Gedichte aus der Trutz-Nachtigall hatte Spee aus seiner bereits 1627/28 erschienenen Publikation „Güldenes Tugend-Buch" entnommen. Dieses Buch hatte er zur Erbauung und geistlichen Prüfung vor allem von Frauen geschrieben; in der erklärten Absicht, sie zu Gott zu führen. Der Dichter versteht sich stets in erster Linie als Priester. An der Übernahme der Texte in die Trutz-Nachtigall lässt sich schon erkennen, dass Spees Gedichte über einen langen Zeitraum entstanden sind und das Publikationsjahr der jeweiligen Bücher nicht viel aussagt über die Entstehungszeit der Texte.

Friedrich Spee wurde 1591 in Kaiserswerth geboren, heute ein Stadtteil von Düsseldorf, direkt am rechten Rheinufer gelegen. Der schmucke Ort mit seinen zierlichen Hausfassaden aus dem 18. Jahrhundert ist heute ein Touristenziel. Denn hier stehen noch die Ruinen der alten Kaiserpfalz, die Heinrich III. um das Jahr 1050 erbauen ließ. Über Jahrhunderte hatten die deutschen Kaiser damit einen Stützpunkt am Niederrhein. Möglich, dass Friedrich Spee in der Kaiserpfalz selbst zur Welt gekommen ist. Denn sein Vater war hier Amtmann. Möglich aber auch, dass Spee in einem Haus neben der unweit gelegenen Kirche St. Suitbertus geboren wurde. Das heutige Haus Nummer 11 am Suitbertus-Stiftsplatz gilt in der heimatkundlichen Überlieferung als Standort des ursprünglichen Hauses, in dem die Familie Spee wohnte.

Heute befindet sich darin das Friedrich-Spee-Archiv, das von der Düsseldorfer Friedrich-Spee-Gesellschaft betrieben wird. Im Archiv ist eine große Anzahl von Literatur über Friedrich Spee und seine Zeit gesammelt. Wissenschaftler und sonstige Interessierte sowie Schulklassen treten mit dem Archiv in Verbindung, um mehr über Spee zu erfahren.

Mittelpunkt des Stiftplatzes ist die Kirche, die dem Heiligen Suitbertus gewidmet ist. Dies war ein angelsächsischer Missionar, der im 7. Jahrhundert in Kaiserswerth, das damals noch eine Insel war (werth = Insel), ein Benediktinerkloster gründete. Die Existenz des Klosters dürfte der Grund gewesen sein, weshalb der Kaiser später an dieser Stelle einen Regierungssitz erbaute.

An der Außenwand der St. Suitbertus-Kirche hat der Düsseldorfer Künstler Bert Gerresheim 1991 zum 400. Geburtstag Friedrich Spees ein großes Epitaph aus Bronze angebracht. Das beeindruckende Relief zeigt Spee, wie er mitleidig eine gefolterte Hexe stützt. Die Szene erinnert an den Typus der Pietà, wie Maria den toten Christus in den Armen hält. Gleich über Spees Kopf führt eine gedankliche Linie zum Heiligen Suitbertus und schließlich zu Christus selbst. Umrahmt sind die beiden zentralen Figuren von den Abbildern historischer Persönlichkeiten, die sich bereits vor Friedrich Spee oder in seiner Nachfolge gegen den Hexenwahn ausgesprochen haben. Aber auch das literarische Werk Spees ist in dem Bild angedeutet: Neben einer Laute sind seine Bücher zu erkennen.

In manchen Veröffentlichungen erhält der Dichter den Langnamen „Spee von Langenfeld". Diese Bezeichnung geht auf das Landgut Haus Langenfeld zurück, das heute noch existiert und am linken Niederrhein liegt, zwischen den Ortschaften Grefrath, Wachtendonk und Wankum, unweit des Flusses Niers und des Klosters Mariendonk. Aus dieser Gegend stammt die Familie Spee, die sozial dem Landadel zugerechnet wurde. Allerdings lebte schon Spees Großvater väterlicherseits in Kaiserswerth, wo auch Spees Vater Peter geboren wurde. Das Haus Langenfeld war bereits zur Zeit des Großvaters durch die Verheiratung einer Schwester in andere Hände geraten. Dennoch ist an der Pforte der Wankumer St. Marien-Kirche ein kleines Rundrelief angebracht, das an den berühmten Friedrich Spee erinnert. Es wurde im Jahre 2001 gestaltet und zeigt die Büste des Dichters. Hinter ihm ist ein Gekreuzigter zu erkennen, unter ihm das Haus Langenfeld. Auf dem Friedhof zu Wankum befindet sich zudem noch ein Grab der Familie Spee, kenntlich gemacht vom örtlichen Heimatverein durch eine Informationsplakette.

Im Jahre 1610 trat der Gymnasiast, der in Köln seinen Schulabschluss gemacht hatte, in den Jesuitenorden ein. Spee wollte gern Missionar in Indien und Asien werden. Doch versagte ihm der Orden diese Aufgabe. So widmete sich der 1622 geweihte Priester, der später auch als Professor tätig war, der Seelsorge und der akademischen Lehre auf verschiedenen Stationen im Rheinland und in Westfalen. Im Rahmen der Gegenreformation, als die katholische Seite gegenüber der wachsenden evangelischen Überzeugungskraft Boden gutmachen wollte, wurde Spee im Umland von Paderborn eingesetzt, um die Bevölkerung protestantisch gewordener Gebiete wieder zur katholischen Konfession zurückzuführen. Es ist die Zeit der Glaubenskämpfe. Der 30-jährige Krieg tobt noch bis 1648. Spee wird dessen Ende nicht mehr erleben. Sein letzter Wirkungskreis als Seelsorger war Trier. Hier half der Gelehrte sogar in der Krankenpflege, als feindliche Truppen 1635 die Stadt eroberten und ein fürchterliches Gemetzel anrichteten. Spee kümmerte sich um Verletzte und Kranke, gab geistlichen Beistand in den Lazaretten. Dabei steckte er sich mit einer Seuche an und verstarb noch im selben Jahr. Sein Grab befindet sich in der Krypta der Trierer Kirche.

Anmerkungen:

(1) Gotteslob, kath. Gebet- und Gesangbuch, Ausgabe für die Diözese Aachen, hrsg. v. den (Erz-)Bischöfen Deutschlands und Österreichs und dem Bischof von Bozen-Brixen, Einhard-Verlag, Aachen 2013, S. 327

(2) Friedrich Spee: Trvtz-Nachtigal, S. 5, a.a.O.

(3) Friedrich Spee: Trvtz-Nachtigal, S. 15f., a.a.O.

Literatur:

Spee, Friedrich: Trvtz-Nachtigal. Kritische Ausgabe nach der Trierer Handschrift, hrsg. und mit Nachwort versehen von Theo G. M. van Oorschot, Reclam-Verlag, Stuttgart 2003.

Finger, Heinz: Friedrich Spees Herkunft und Name; in: Friedrich Spee – Priester, Mahner und Poet, Libelli Rhenani, hrsg. v. Heinz Finger, Band 26, Erzbischöfliche Diözesan- und Dombliothek, Köln 2008, S. 13ff.

Kunze, Dieter (Hrsg.): Friedrich-Spee-Lesebuch, hrsg. im Auftrag der Friedrich-Spee-Gesellschaft Düsseldorf, Lit-Verlag, Berlin 2010.

Friedrich-Spee-Gesellschaft: www.spee-duesseldorf.de

Düsseldorf

HEINRICH HEINE (1797-1856)
UND DIE FREIHEIT ALS LEBENSFORM

Die Düsseldorfer Rheinpromenade ist im Nahbereich der Altstadt breit ausgebaut. Im Sommer laden den Besucher Außengastronomien ein, vielleicht zu typisch rheinischem Sauerbraten mit Rosinen und dem berühmten Altbier. Beim Verzehr blicken die Gäste auf den vorbei fließenden Strom, auf Ausflugsschiffe und Lastkähne, die gewaltige Kniebrücke und die grünen Wiesen des gegenüber liegenden Ufers.

Ein topographisch ähnlicher Anblick hat sich dem kleinen Harry Heine geboten, wenn er am diesseitigen Rheinufer gespielt hat. Wohl 1797 ist der spätere Dichter in seinem Elternhaus in der Düsseldorfer Altstadt geboren worden, nur wenige hundert Meter von der heutigen Promenade entfernt. Als „des freien Rheins noch freierer Sohn" wird er sich stolz bezeichnen.

Auch Biographen haben die Nähe zum Rhein augenzwinkernd für Charakterisierungen genutzt: Heines Sinn für Sagen und Legenden, der sich in den romantischen Gedichten niederschlägt, stamme dorther; aber auch sein melancholisches Gemüt, das der traurigen Rheinlandschaft entspreche. Dann wiederum wird der Humor, der seine Werke durchzieht, auf die angebliche Lebenslust der Rheinländer zurückgeführt. Schließlich könnte man, mit einiger Fantasie, die Reisefreude des Schriftstellers auf den Einfluss der alten Handelsstraße

Rhein beziehen: Erst mit seinen satirischen „Reisebildern" war der junge Heine einem breiten Publikum bekannt geworden.

Das Geburtshaus stand an der Bolkerstraße, gleich im Zentrum der Altstadt, die heutige Touristen mit ihren urigen Kneipen lockt. Das Haus wurde im zweiten Weltkrieg zerstört. An seiner Stelle steht heute eine Buchhandlung, die stilecht den Namen des Dichters führt; ebenso wie die Düsseldorfer Universität nach Heine benannt ist. Diese gab es übrigens zur Studienzeit Heines noch nicht. Der junge Mann ging zum Studium nach Bonn, ebenfalls am Rhein gelegen, bis es ihn dann nach Göttingen und Berlin verschlug. Nur einige Straßen weiter, an der Bilker Straße, liegt heute das Heine-Institut mit Archiv und Bibliothek sowie dem weltweit einzigen Heine-Museum. Es dokumentiert mit einer Vielzahl von Ausstellungsstücken und erklärenden Infotafeln die Entwicklung von Heines Werk und Leben.

Die Chronologie setzt in Düsseldorf ein, damals eine kleine Residenzstadt mit gerade mal 16.000 Einwohnern. Heines Vater war Tuchhändler mit reicher Verwandtschaft, seine Mutter eine hoch gebildete Arzttochter. Auch Heines Geschwister gelangten zu Vermögen und gesellschaftlichem Ansehen.

Zu den nachhaltigen Eindrücken des jugendlichen Heine gehörte der siegreiche Einzug Napoleons im November 1811 in die Vaterstadt. Schon von 1795 bis 1801 hatte Düsseldorf unter französischer Besatzung gestanden. Deshalb konnte Heine, der in diesem Zeitfenster geboren war, als späterer Exilant ohne Angst vor Ausweisung in Frankreich leben. Den Einzug des siegreichen Kaisers verfolgte der kleine Harry mit unzähligen anderen Düsseldorfern an der Allee des Hofgartens, der noch heute die grüne Lunge der Innenstadt bildet. Der Dichter schildert den Einzug später in seinem Buch „Ideen. Das Buch Le Grand" mit deutlich satirischem Einschlag:

Aber, wie ward mir erst, als ich ihn selber sah, mit hochbegnadigten, eigenen Augen ihn selber, Hosianna! den Kaiser.

Es war eben in der Allee des Hofgartens zu Düsseldorf. Als ich mich durch das gaffende Volk drängte, dachte ich an die Taten und Schlachten (...) - und dennoch dachte ich zu gleicher Zeit an die Polizeiverordnung, dass man bei fünf Taler Strafe nicht mitten durch die Allee reiten dürfe. Und der Kaiser mit seinem Gefolge ritt mitten durch die Allee, die schauernden Bäume beugten sich vorwärts, wo er vorbeikam, die Sonnenstrahlen zitterten furchtsam neugierig durch das grüne Laub, und am blauen Himmel oben schwamm sichtbar ein goldner Stern. (...) Auch das Gesicht hatte jene Farbe, die wir bei marmornen Griechen- und Römerköpfen finden, die Züge desselben waren ebenfalls edel gemessen, wie die der Antiken, und auf diesem Gesichte stand geschrieben: Du sollst keine Götter haben außer mir.[1]

Diese Art der Prosa ist typisch für Heine. Keck verlegt er das Ereignis vom trüben November in den heiteren Frühling. Damit lässt er zwischen den Zeilen seine Meinung einfließen, dass mit den französischen Revolutionstruppen ein freiheitlicher Geist in das politisch rückständige Rheinland einzöge. Heine war ein glühender Verfechter freiheitlicher Verfassungen. Mit der Feder bekämpfte er die antiquierte Adelsherrschaft. Ebenso war ihm der Nationalismus seiner Zeit zuwider. Deshalb wohl auch lehnt sich seine Schilderung - wenn auch persiflierend - an den biblischen Einzug Jesu in Jerusalem an: Napoleon soll als Heilsbringer erscheinen. Heine hat sein ganzes Leben hindurch Napoleon bewundert. Der französische Kaiser erschien ihm als Verfechter der Freiheit und der Moderne. Schließlich war es Napoleon, der den Juden die volle Gleichberechtigung gegenüber ihren christlichen Mitbürgern brachte. Im damaligen Düsseldorf gab es rund 400 Juden, die Familie Heine zählte dazu. Sie waren in Düsseldorf nicht ghettoisiert, wurden aber im gesellschaftlichen Leben diskriminiert. Nicht zuletzt deshalb hat sich Heine als Erwachsener 1825 taufen lassen. Statt Harry nannte er sich nun Heinrich.

Typisch für Heines Schreibstil ist vor allem der ironische Tonfall. Napoleons Hoheitlichkeit wird dadurch relativiert. Heine nutzte die Ironie auch gerne zur Kritik an gesellschaftlichen Zuständen. Vor allem seine Reiseberichte, die „Reisebilder", verfasste Heine in respektlosem Stil. Dabei vermischte er bewusst Journalismus mit Literatur. Somit entstand eine ganz eigene Textform. Eine Mitbegründung unseres modernen Feuilleton. Diese Prosastücke brachten Heine eine begeisterte Leserschaft ein. Sie ergötzte sich an dem neuen, frischen Klang. Doch riefen sie auch Probleme mit der Zensur hervor. Letztlich waren diese Schriften wohl dafür ursächlich, dass der Jurist Heinrich Heine nach seinem Studium keine Anstellung im Staatsdienst fand. Dafür aber wurde er ein bekannter Schriftsteller.

Die „Reisebilder" sind im Düsseldorfer Museum mit originalen Buchausgaben und zeitgenössischen Landschaftsansichten repräsentiert. Anbei befindet sich auch ein Hinweis auf Heines Besuch bei Goethe im Rahmen seiner Harzreise 1824. Der dichtende Student wollte auf seiner Fußwanderung als krönenden Höhepunkt auch den Dichterfürsten aufsuchen. Dieser aber zeigte für den Besucher enttäuschend wenig Interesse. Aus heutiger Sicht unverständlich. Schließlich gilt der Lyriker Heine als größtes Talent nach Goethe.

Sein bekanntestes Gedicht ist: „Ich weiß nicht, was soll es bedeuten…" Erst später überschrieb Heine es mit dem Titel „Loreley". Vom Komponisten Silcher in wehmütigem Klang vertont, gilt es als Paradebeispiel für märchenhafte Romantik. Der berühmte Loreley-Felsen am Rhein bei St. Goarshausen ist aufgrund des Gedichtes zur Anlaufstelle für Touristen aus aller Welt geworden. Abgedruckt wurde das Gedicht erstmals 1827 in Heines großer Lyriksammlung „Buch der Lieder" - und zwar ohne Titel:

> *Ich weiß nicht, was soll es bedeuten,*
> *Daß ich so traurig bin;*
> *Ein Märchen aus alten Zeiten,*
> *Das kommt mir nicht aus dem Sinn.*
>
> *Die Luft ist kühl, und es dunkelt,*
> *Und ruhig fließt der Rhein;*
> *Der Gipfel des Berges funkelt*
> *Im Abendsonnenschein.*
>
> *Die schönste Jungfrau sitzet*
> *Dort oben wunderbar,*
> *Ihr goldnes Geschmeide blitzet,*
> *Sie kämmt ihr goldenes Haar.*
>
> *Sie kämmt es mit goldenem Kamme*
> *Und singt ein Lied dabei;*
> *Das hat eine wundersame,*
> *Gewaltige Melodei.*
>
> *Dem Schiffer im kleinen Schiffe*
> *Ergreift es mit wildem Weh;*
> *Er schaut nicht die Felsenriffe,*
> *Er schaut nur hinauf in die Höh'.*

> *Ich glaube, die Wellen verschlingen*
> *Am Ende Schiffer und Kahn;*
> *Und das hat mit ihrem Singen*
> *Die Lorelei getan.*⁽²⁾

Zunächst ist erkennbar, dass Heine die Klangwelt der Romantik übernimmt. Märchen, Sehnsüchte und Gemütstiefe sind die Ingredienzien dieser literarischen Strömung, die um das Jahr 1800 aufkam. Zugleich aber schafft Heine dazu eine deutliche Distanz: Er baut nämlich in der ersten und letzten Strophe einen reflektierenden Rahmen zum Märchen auf. Die Wendungen „Ich weiß nicht..." und „Ich glaube..." führen einen außen stehenden Berichterstatter ein, der die Märchenhandlung relativiert. Damit kann das Märchen keine Wahrheit aus sich selbst heraus beanspruchen. Es dient vielmehr einem fremden Ich als Spiegel von dessen Gedanken und Gefühle.

Auch dieses Gedicht ist typisch für Heine. Er durchbricht bewusst die romantische Stilistik, um die Romantik zu ironisieren. Heines scheinbar so romantisches Dichten war eher eine Parodie auf die Gefühlsseligkeit der Romantiker und wies voraus auf eine modernere Form der Dichtung. Dadurch nimmt Heine in der Literaturgeschichte eine Zwitterstellung zwischen der alten und der neuen Epoche ein. Die Romantik versandete um 1830 langsam, aber zunehmend. Abgelöst wurde sie durch den frühen Realismus. Die Autoren, die sich ähnlich wie Heine der politischen Emanzipation verschrieben, werden als „Junges Deutschland" bezeichnet. Die Autoren, die sich mit der politischen Restauration durch die Fürsten jener Zeit abfanden, werden unter der Bezeichnung „Biedermeier" geführt. Politisch gesehen gehörte Heinrich Heine zur Fraktion der Revolutionäre. Da er aber älter war als die jungen Dichter des „Jungen Deutschland", wurzelte er poetisch noch in der alten Romantik.

In anderen Gedichten hat Heine die Brüche zur Romantik noch härter ausfallen lassen: Im Zyklus „Heimkehr", zu dem auch das Loreley-Gedicht gehört, findet sich die dreiteilige Ballade „Die Wallfahrt nach Kevlaar". Dieser auch heute noch beliebte Wallfahrtsort liegt am Niederrhein, nahe der niederländischen Grenze, etwa eine Autostunde von Düsseldorf entfernt. Jedes Jahr pilgern Tausende Katholiken in die kleine Stadt, damals wie heute. Die Wallfahrtskirchen im Zentrum von Kevelaer sind versehen mit unzähligen Kerzen und anderen Zeichen der Hoffnung. Heine, der den Ort natürlich gut kannte, macht sich in seinem Gedicht darüber lustig:

> *Nach Kevlaar ging mancher auf Krücken,*
> *Der jetzo tanzt auf dem Seil,*
> *Gar mancher spielt jetzt die Bratsche,*
> *Dem dort kein Finger war heil.* [3]

Mit Ausnahme solch ironischer Seitenhiebe ist die Ballade ganz im romantischen Ton verfasst. Sie handelt von einem kranken Sohn, dessen Mutter ihn mitnimmt auf eine Prozession nach Kevelaer, um dort Heilung zu finden. Wobei sein Leiden eigentlich ein seelisches ist, da er stets an ein verstorbenes Nachbarmädchen denken muss, das er geliebt hat. Die Muttergottes, die Sohn und Mutter um Heilung anrufen, erscheint nachts im Traum. Doch die erhoffte Heilung erfolgt auf gänzlich andere Weise als gedacht: als die Mutter morgens aufwacht, ist ihr Sohn tot. Das bedeutet durch die romantische Brille gesehen zwar eine geistliche Zusammenführung der Liebenden im Jenseits, ein typisch romantisches Motiv. Durch die Brille des Satirikers gesehen jedoch ist durch diesen Ausgang die ganze Wallfahrt brutal gescheitert und wird ad absurdum geführt.

Nochmal zurück zur Loreley. Hat das Märchengedicht noch eine tiefere Bedeutung? Das ist anzunehmen bei einem Dichter, der sich selten mit einer Deutungsebene zufrieden gibt.

In dem schmachtenden Schiffer, der vor lauter Sehnsucht nach dem gleißenden Zauber der sagenhaften Frauengestalt den Tod in den Fluten findet, sahen Interpreten das Sinnbild für eine vergebliche Liebe. Einen biographischen Hintergrund gäbe es dafür auch: In Hamburg hatte sich Heine unsterblich in seine Cousine verliebt, wurde aber abgewiesen. Das Thema Liebesleid zieht sich wie ein roter Faden durch das ganze „Buch die Lieder".

Andere Interpreten haben die Moral des Märchens politisch gedeutet. Demnach stünde der Schiffer sinnbildlich für die Juden in Deutschland, die sich danach sehnen, von der Mehrheitsgesellschaft akzeptiert zu werden. Diese Deutung stützt sich auf den religiösen Kontext im Zyklus „Heimkehr", in den das Loreley-Gedicht eingebunden ist und zudem auf den biographischen Umstand, dass Heine zu der Zeit, als er das Gedicht schrieb, stark mit Identitätsproblemen als Jude beschäftigt war. Eine weitere Deutung wäre der Abschied von der Romantik als geistig-literarischer Strömung; schmerzvoll zwar, aber angesichts der fortschreitenden Zeitumstände notwendig.

Wie man das Gedicht auch deuten mag: Typisch für Heine ist ebenfalls, dass die Verse wunderschön klingen. Er bediente sich gerne eines volksliedhaften Tonfalls. Deshalb gehen seine Gedichte leicht „ins Ohr", eignen sich gut zur Vertonung und lösen tiefe Gefühle aus. Auch darin liegt das poetische Genie Heines.

Das Düsseldorfer Heine-Museum geht auch auf die Lebensumstände des Dichters ein. Obwohl er auf poetischem Gebiet zunehmend Erfolge verbuchte, blieb er sein ganzes Leben lang auf die finanziellen Zuwendungen seines steinreichen Onkels Salomon Heine angewiesen.

Vom Vater war keine Unterstützung zu erwarten. Der Tuchhändler hatte in Folge der napoleonischen Außenwirtschaftspolitik Bankrott anmelden müssen. Die Familie zog nach Hamburg. Heine besuchte 1820 ein letztes Mal Düsseldorf, ohne in seiner Vaterstadt zu übernachten. Aber nicht aus Missgunst zu seiner Heimat. Heine hat sich nie schlecht über Düsseldorf geäußert.

1831 machte sich Heine auf nach Frankreich und kehrte abgesehen von einigen Reisen nicht mehr dauerhaft nach Deutschland zurück. Das lag an den politischen Verhältnissen in der Heimat. Die Freiheitsbewegungen in der deutschen Gesellschaft, deren Träger vor allem Professoren, Burschenschafter und aufgeklärte Schriftsteller waren, wurden vom herrschenden Adel rigide unterdrückt. Zensur- und Spitzelwesen, Verbote und Einkasernierungen breiteten sich aus. Auch Heines Schriften unterlagen in manchen deutschen Ländern dem Verbot. Viele bedrohte Intellektuelle flohen ins Ausland; darunter heute prominente Namen wie Georg Büchner oder Karl Marx. Heine baute sich im nachrevolutionären Paris ein neues Leben auf. Er verkehrte in den Kreisen von Künstlern und Intellektuellen. In mehreren Schriften versuchte er zwischen deutscher und französischer Kultur zu vermitteln. In „Französische Zustände" brachte er den Deutschen die französischen Verhältnisse näher, in „Geschichte der Religion und Philosophie in Deutschland" den Franzosen die deutsche Geistesgeschichte. Insofern war Heine ein früher Vordenker der europäischen Verständigung.

Schon 12 Jahre lebte er in Frankreich, da brach der Exilant 1843 zu einer großen Deutschlandreise auf. Schließlich war sein Pariser Exil kein erzwungenes, Heine war aus den deutschen Ländern nicht ausgewiesen worden. Doch ausgerechnet die literarische Frucht dieser Reise wird genau dazu führen. Als Heine 1844 sein großes Versepos

„Deutschland – ein Wintermärchen" vorlegte, das die Eindrücke der Reise satirisch verarbeitet, verboten fast alle deutschen Herrschaftsgebiete das Buch und Preußen ordnete sogar die Verhaftung Heines an, sollte er preußischen Boden wieder betreten. Denn in dem Langgedicht, das heute neben der „Loreley" sein berühmtestes ist, spießte Heine noch einmal alle die Widrigkeiten auf, die ihm die Politik und die Gesellschaft seiner Zeit verleideten: Armut, Nationalismus, staatliche Unterdrückung, mangelnde Freiheit.

Seiner rheinischen Heimat widmete sich Heine in dem Epos ausgiebig. Schlecht kommt das katholische Köln weg. In Köln hatte sich damals ein Dombauverein gegründet, der das unfertig gebliebene Bauwerk aus dem Mittelalter vollenden wollte. Heine sah darin eine ungesunde Rückwendung zu altdeutscher Zeit, die er im Gegensatz zu den Romantikern keinesfalls reaktiviert sehen wollte. In scharfen Versen geißelt er die klerikale Vergangenheit der Domstadt:

> *Dummheit und Bosheit buhlten hier*
> *Gleich Hunden auf freier Gasse;*
> *Die Enkelbrut erkennt man noch heut*
> *An ihrem Glaubenshasse.*[4]

Den Dom selbst deutet er als „Riesenkerker", in dem die Vernunft verschmachte. Seine Provokation treibt er auf die Spitze, indem er der Kathedrale eine Zukunft als Pferdestall prophezeit. – Nun, in diesem Punkte hat sich Heine gründlich geirrt, wie wir Nachgeborenen wissen. Der Dom wurde vollendet und kaum ein Kulturbürger möchte ihn heute missen. Heines Verehrung jedoch gilt nur Luther. Dem Reformator rechnet Heine hoch an, dass er durch seinen Protestantismus der Freiheit eine Bahn gebrochen habe.

Im weiteren Verlauf der Handlung lässt Heine den „Vater Rhein" persönlich zu Wort kommen:

> *Willkommen, mein Junge, das ist mir lieb,*
> *Daß du mich nicht vergessen;*
> *Seit dreizehn Jahren sah ich dich nicht,*
> *Mir ging es schlecht unterdessen.*[5]

Der „Vater Rhein" sehnt sich nach den Franzosen zurück, die ihn unter Napoleon einst okkupierten. Er habe sie „immer lieb" gehabt. Mit dieser Figurenrede beschwört Heine den Geist der freiheitlichen Revolution. Nun ist es aber der Reisende selbst, der das Idealbild vom freiheitlichen Franzosen korrigiert: Sie seien spießig geworden, nähmen sich deutsche Philosophie zum Vorbild und hätten sich vom Geist der Freiheit entfernt. Die Stelle belegt, dass Heine auch nach der französischen Seite hin austeilte. Er wollte nicht blauäugig sein. Hintergrund dieses Kapitels um den Rhein war eine politische Diskussion, die zu dieser Zeit zwischen Frankreich und Deutschland hohe Wellen schlug: Der französische Ministerpräsident hatte gefordert, den Rhein zur Staatsgrenze Frankreichs zu erheben, was naturgemäß die militärische Annektierung voraussetzte. Daraufhin schrieb der deutsche Dichter Niklas Becker ein scharfes patriotisches Gedicht, das in dem Aufruf gipfelt: „Sie sollen ihn nicht haben, den freien deutschen Rhein". Der französische Dichter Alfred de Musset antwortete darauf mit einem Spottgedicht des Inhaltes, dass die Franzosen den Rhein durch ihre vergangene Okkupation doch bereits eingenommen hätten. Heine nimmt in seinem Epos eine vermittelnde Stellung ein. Den Vater Rhein lässt er das Becker-Gedicht als „dumm" abqualifizieren: er fühle sich geradezu „blamiert" durch das Gedicht. Aber auch für Alfred de Musset hat der Vater Rhein nichts übrig. Ihn bezeichnet er als „Gassenjungen", der „schlechte Witze" mache. Heinrich Heine bleibt in dem Gedicht seiner Grundlinie treu: Er stellte sich nicht auf die Seite eines politischen Akteurs, sondern wünschte eine Umgestaltung der Gesellschaft im Sinne von Freiheit und gegenseitiger Achtung.

Neben seiner künstlerischen Leistung ist es dieses Erbe, das die Nachwelt an Heine schätzt. Seine Heimatstadt Düsseldorf hat ihm mehrere Denkmäler gesetzt. Das neueste, erst 2012 auf dem Gelände der Universität errichtet, hat die Form eines drei Meter hohen Buches mit Heineprofil. Begraben aber ist Heine in Paris. Auf dem Friedhof von Montmartre erinnert ein großes Grabmal mit Büste an den Dichter aus dem Rheinland.

Anmerkungen

(1) Heine, Heinrich: Sämtliche Werke, 3. Band, S. 104f, a.a.O.
(2) Heine, Heinrich: Sämtliche Werke, 1. Band, S. 82f., a.a.O.
(3) Ebda., S. 129.
(4) Ebda., S. 330.
(5) Ebda., S. 332.

Literatur:

Heine, Heinrich: Sämtliche Werke in sieben Bänden, Weltbild-Bücherdienst (nach der Ausgabe der J.G. Cottaschen Buchhandlung von Heinrich Heines sämtlichen Werken in 12 Bänden), Stuttgart o.J.

Brummack, Jürgen: Heinrich Heine. Epoche-Werk-Wirkung, C.H. Beck-Verlag, München 1980.

Decker, Kerstin: Heinrich Heine. Narr des Glücks, Propyläen-Verlag, Berlin 2005.

Raddatz, Fritz J.: Taubenherz und Geierschnabel. Heinrich Heine, Beltz Quadriga-Verlag, Weinheim und Berlin 1997.

Düsseldorf

KARL IMMERMANN (1796-1840)
UND DIE EPIGONALE ZWISCHENZEIT

„Ich habe Immermann sehr lieb", wird Goethe von einem Zeitgenossen zitiert. „In den ersten Sachen, die er mir schickte, hab ich das Talent erkannt."[1]

Dennoch hielt es der Dichterfürst nicht für nötig, Immermann auf seine Briefe zu antworten. So beeindruckt scheint er denn doch nicht gewesen zu sein. Vielleicht deshalb nicht, weil Immermanns gewichtigste „Sachen" erst nach Goethes Tod 1832 erschienen sind: seine beiden Kapitalromane „Die Epigonen" (1836) und „Münchhausen" (1839). Mit diesen ging Karl Immermann in die deutsche Literaturgeschichte ein. Sie liefern uns heutigen Lesern ein plastisches und vielfach satirisches Bild der deutschen Gesellschaft in den Jahren 1820-1840; also der Epoche nach den napoleonischen Kriegen, die wir heute die Restauration nennen.

Karl Immermann kam 1827 nach Düsseldorf. Der in Magdeburg geborene Jurist war von der preußischen Hauptstadt Berlin aus als Landgerichtsrat an den Rhein versetzt worden. Das war möglich, weil die Rheinlande wie auch Westfalen seit dem Wiener Kongress 1815 zu Preußen gehörten. Doch die Tätigkeit am Gericht hatte Immermann schon auf seiner vorherigen Station im westfälischen Münster 1819-1824 nicht ausgefüllt. Dort bereits entstanden in rascher Folge Theaterstücke und der Beginn des späteren Epigonen-Romans. Kunst und Literatur fesselten den jungen Intellektuellen weitaus mehr als die Jurisprudenz.

In Düsseldorf führte Immermanns erster Weg denn auch in die dortige Kunstakademie, die als „Düsseldorfer Malerschule" einen legendären Ruf genoss und auch heute noch zu den kulturellen Kapitalien der Stadt gehört. Der Landgerichtsrat freundete sich mit dem Leiter der Akademie Wilhelm Schadow an, dessen Name auch im heutigen Düsseldorf weithin bekannt ist. Immermann verfasste Aufsätze über das Kunstgeschehen und gründete mit Gleichgesinnten einen Kunstverein für die Provinzen Rheinlande und Westfalen. Das Ziel des Vereins bestand darin, Kunstwerke dem einfachen Volk zugänglich zu machen und die Errichtung öffentlicher Denkmäler zu fördern. Kunstbesitz sollte nicht länger ein Privileg von Adeligen und Reichen sein. Immermann schrieb:

Die Schönheit ist, wie die Wahrheit, nicht zu kaufen, nicht in einen ausschließlichen Privatbesitz zu bringen, sie ist ein Gemeingut der Menschen [2].

Diese Einstellung spiegelt auch die grundlegende Haltung Immermanns in seinen Romanen wider, die sich kritisch mit der abgelebten und zum Untergang verurteilten Herrschaft des Adels auseinandersetzen.

An dem ersten Werk „Die Epigonen", das als Familienroman deklariert ist, hat Immermann gut zehn Jahre gearbeitet. Es gibt uns heutigen Lesern einen Einblick in Zustände, Lebensgefühl und Denken der deutschen Gesellschaft nach der Herrschaft Napoleons und den Befreiungskriegen. Immerhin hat Immermann – wie alle guten Schriftsteller – in seinem Roman auch eigene Erfahrungen und Lebensumstände verarbeitet. So nahm seine Hauptfigur Hermann genau wie

Immermann selbst 1813 und den Folgejahren an den Befreiungskriegen teil, ist ehemaliger Student und nebenbei insgeheim Dichter.

Nun befindet sich Hermann auf der Reise zu einem ihm unbekannten Onkel, auf der ihm merkwürdige Erlebnisse zustoßen, die auf zunächst unsichtbare Weise zusammenzuhängen scheinen. Diese Konzeption erinnert deutlich an Goethes Roman „Wilhelm Meisters Lehrjahre", der offensichtlich für die Struktur Pate gestanden hat. Auch im Wilhelm Meister macht sich ein junger Mann auf die Reise und trifft scheinbar zufällig auf Menschen, deren Zusammenhang sich erst am Ende erschließt. Während die Menschen bei Goethe aber zu einer Art Loge von Humanisten gehören, finden bei Immermann die verstreuten Mitglieder einer Familie zusammen. Goethes „Meister" wurde in der Literaturgeschichte gern als Beginn der Tradition des Bildungsromans verstanden; einer Gattung, die sich durch die Entwicklung eines jungen Menschen auszeichnet. Insofern reiht sich auch Immermanns „Epigonen" in diese Tradition ein; obgleich die geistige Entwicklung Hermanns doch eher begrenzt bleibt. Aber das ist nach Eindruck mancher Interpreten bei Wilhelm Meister auch nicht anders.

Hermann trifft auf seinen Reisestationen, die sich mehr oder weniger zufällig ergeben, auf denkwürdige und teils kuriose Menschen, die das ganze bunte Treiben seiner Zeit widerspiegeln: da ist der vom Abstieg bedrohte Adelige, der um den Besitz seines Gutes bangen muss; sein Widerpart ist der aufsteigende Kaufmann, der Einsicht in die Anfänge des Kapitalismus gibt; an Goethes Figur der Mignon erinnert die verwahrloste Herumtreiberin Flämmchen, die einen bizarr-romantischen Aspekt einbringt; ein materialistisch gesinnter Arzt spiegelt die Religionsskepsis der Zeit wider; ideologisch verbrämte Pädagogen streiten sich um die rechte Erziehung der Jugend und der Typus des betrügerischen Wirtes darf auch nicht fehlen.

Wesentlicher krasser als in den „Epigonen" setzt Immermann im Nachfolgeroman „Münchhausen" satirische Akzente. Das gewichtige Werk erzählt keineswegs, wie man vom Titel her meinen könnte, die bekannten Münchhausen-Geschichten nach, die der Dichter Gottfried August Bürger 1786 in einem Abenteuerbuch dem historischen Bodenwerder Landadeligen zu dessen Ärger in den Mund gelegt hatte. Immermann lässt statt dessen einen angeblichen Nachfahren des Lügenbarons auftreten. Dessen halsbrecherische Schwindeleien haben nicht zum Ziel, die Leute amüsant zu unterhalten, sondern dem Schwindler konkrete Vorteile zu verschaffen. So nistet er sich auf einem heruntergekommenen Schloss ein, wo er den adeligen Besitzer und seine Tochter gezielt hinters Licht führt. Das gelingt vor allem deshalb, weil sich die träumerische Adelsfamilie in einer Scheinwelt eingerichtet hat und sich geradezu beschwindeln lassen will. Ein Abbild Immermannscher Adelskritik.

Als Gegenpol zu dieser Traumwelt schildert Immermann parallel das bürgerliche Leben auf einem prosperierenden Gutshof. Hier bilden wirtschaftlicher Erfolg und moralische Integrität eine Einheit. Wobei Immermann auch in diesem Teil des Romans nicht mit kritischen Seitenhieben auf Eitelkeit, Machtstrukturen und Traditionen spart. Höhepunkt dieses Parts ist die ausführliche Schilderung einer Hochzeit, bei der man die Sitten und Gebräuche im alten Westfalen kennen lernt. Dieser Erzählteil gewinnt so viel Anschaulichkeit und Farbe, dass er früher sogar als eigenständiges Buch unter dem Titel „Der Oberhof" veröffentlicht wurde. Eine kurze Leseprobe (ein Gast auf dem Hof beobachtet den ritualisierten Antrittsbesuch des Pfarrers):

Am folgenden Tage zur Mittagsstunde hörte der Jäger unter seinem Fenster ein Geräusch, sah hinaus und bemerkte, daß viele Menschen vor dem Hause standen. Der Hof-

schulze trat in sonntäglichem Putze soeben aus der Türe, gegenüber aber hielt am Eichenkampe ein zweispänniger Karren, auf welchem ein Mann in schwarzen Kleidern, anscheinend ein Geistlicher, zwischen mehreren Körben saß. In einigen derselben schien Federvieh zu flattern. Etwas hinterwärts saß eine Frauensperson in der Tracht des Bürgerstandes, welche steif vor sich hin auf dem Schoße ebenfalls einen Korb hielt (...). Ein Mann in weitem, braunen Oberrock, dessen bedächtiger Gang und feierliches Anlitz ohne Widerspruch den Küster erkennen ließ, schritt mit Würde von dem Wagen dem Hause zu, stellte sich vor den Hofschulzen hin, lupfte den Hut und gab folgenden Reimspruch von sich:

> *Wir sind allhier vor Eurem Tor, / Der Küster und der Herr Pastor, / Des Küsters Frau, die Magd daneben, / Die Gift und Gabe zu erheben, / So auf dem Oberhofe ruht; / Die Hühner, Ei´r, die Käse gut. / So sagt uns an, ob alles bereit, / Was fällig wird zur Sommerszeit.*

Der Hofschulze hatte bei Anhörung dieses Spruchs den Hut tief abgenommen. Nach demselben ging er zum Wagen, verbeugte sich vor dem Geistlichen, half ihm in ehrerbietiger Stellung herunter und blieb dann seitwärts stehen (...) Der Jäger ging (...) hinunter, sah im Flur weißen Sand gestreut, und die daranstoßende beste Stube mit grünen Zweigen geschmückt. Die Tochter saß darin, ebenfalls sonntäglich geputzt und spann (...) Sie sah hochrot aus und blickte von ihrem Faden nicht auf (...)

Der Hofschulze und seine Tochter trugen die Speisen auf dem Tische, welcher in der Stube gedeckt war, selbst auf. Da kam eine Hühnersuppe, eine Schüssel grüner Bohnen mit einer langen Mettwurst, Schweinsbraten mit Pflaumen, Butter, Brot und Käse, wozu eine Flasche Wein gestellt wurde (...) Als alles stand und dampfte, lud der Hofschulze den Diakonus höflich ein, es sich gefallen zu lassen.[3]

Die beiden großen Romane sind auch heute noch gut lesbar. Immermann pflegt einen flüssigen Schreibstil. Im positiven Sinne ist er auch ein Effektschreiber, der gern mit Überraschungen aufwartet und gezielt Spannungsbögen setzt. Im „Münchhausen" thematisiert er sogar ausdrücklich in einer augenzwinkernden Ansprache an den Leser die Tricks des Autors, wie die Neugierde wach zu halten sei. Allerdings weist nun ausgerechnet der Münchhausenroman einige Längen auf, wenn Lügengeschichten zu breit und zu langatmig ausgefächert werden. Aber das ist natürlich Geschmackssache.

Hintergrund beider Romane sind die Verhältnisse in den 20er und 30er Jahren. Es ist eine Zeit im Umbruch. Die Burschenschaften kämpfen für Freiheitsrechte und gegen den autokratischen Überwachungsstaat. Die Herrschaft des Adels, die bislang in Stein gemeißelt war, wird zunehmend hinterfragt. Reiche Bürger befinden sich im gesellschaftlichen Aufstieg, viele Landadelige im Abstieg. Die Industrialisierung kündigt sich an. Ideen keimen auf, die es bisher nicht gab, bald aber die Moderne prägen werden. Immermann selbst hatte schon als Student die aufgeheizte Stimmungslage in extremer Weise erlebt, als an seinem Studienort Halle ein Mitstudent von einer geheimen Studentenverbindung wegen einer politischen Missliebigkeit ausgepeitscht worden war. Immermann setzte sich in einer öffentlichen

Schrift für das Opfer ein. Es wurde seine erste Publikation. Unter den Studenten war sie umstritten. Die Affäre schlug sogar Wellen bis zum König von Preußen, der Immermann für seinen Gerechtigkeitssinn lobte.

Die Widersprüchlichkeit und Zerrissenheit der Zeit greift Immermann in seinen Romanen mit den Mitteln der Ironie und Satire auf. So diskutiert sein Held Hermann mit dem Arzt, der einem neu entdeckten Materialismus huldigt und damit den traditionellen Werten widerspricht. Fast gleichzeitig weiht ihn ein einsamer Gelehrter in einen idealistisch gesinnten Wahrheitsbund ein. Beide Positionen werden sofort relativiert, indem keiner der Diskutanten seine theoretische Haltung in der geforderten Ausschließlichkeit zu verkörpern vermag. In einer anderen Szene reden sich die zwei Pädagogen die Köpfe heiß, die beide ein selbst entwickeltes Konzept zur Bildung der Kinder derart ins Extrem führen, dass es jedem gesunden Empfinden widerspricht.

Was den heutigen Leser zuweilen irritieren kann, sind die vielen Anspielungen auf Autoren und literarische Werke der Zeit, die heute nicht mehr allgemein bekannt sind. So widmet sich der Lügenerzähler Münchhausen ausführlich einem kuriosen Geisterseher mit verballhorntem Namen in der schwäbischen Stadt Weinsberg. Damit ist versteckt Justinus Kerner (1786-1862) gemeint. Der Weinsberger Amtsarzt hatte ein mehrbändiges Werk über Geistererscheinungen geschrieben. Sein Wirken in Schwaben ist allerdings weniger kurios als es den Anschein hat. In seiner Praxis, die heute noch in Weinsberg zu besichtigen ist, behandelte er psychisch kranke Menschen. Da seiner Zeit das Instrumentarium für Psychologie und Psychotherapie noch weitgehend abging, vermengte Kerner ungewollt die durchaus lobenswerte Absicht mit allerhand übersinnlichen Methodiken, die heute Schmunzeln hervorrufen.[4] Damals offenbar auch, denn Immermann zieht den Arzt, der übrigens ein produktiver und in Schwaben sehr geschätzter Dichterkollege war, tüchtig durch den Kakao.

In Immermanns Romanen erblickt der Literaturkenner Motive und Elemente aus unterschiedlichen Strömungen: aus der gefühlsseligen Romantik, dem kritischen Jungen Deutschland und dem frühen Realismus. Deshalb sind die beiden Romane literaturgeschichtlich auch nicht eindeutig zuzuordnen. Immermann selber hat seine Zeit als Übergangsphase empfunden. Sein Romantitel „Epigonen" bezieht sich auf das Gefühl einer gewissen Leerstelle seiner Zeit, die geistig vom Vergangenen zehrt, aber noch keine eigenen Konzepte ausformuliert hat. Es ist der Übergang von der Romantik in die Moderne. Nicht zuletzt dies macht Immermanns Werk so reizvoll.

Zu seinem Gesamtwerk gehört wesentlich mehr als nur die Romane. Gut lesbar ist auch seine kürzere Epik. Die Erzählung „Der Karneval und die Somnambüle" spielt vor dem Hintergrund des Karnevals in Köln. Sie beginnt als mystische Schauergeschichte, entpuppt sich aber bald als veritabler Krimi und geht in einen Ehekonflikt mit außerehelicher Liebesgeschichte über. Die Facetten dieser langen Erzählung sind nicht nur kunstvoll verknüpft, sondern versprechen auch wieder farbige Einblicke in das Leben des 19. Jahrhunderts.

Als besonders gelungen wertet die Literaturgeschichte Immermanns satirisches Versepos „Tulifäntchen". Darin verarbeitet der Autor das Däumeling-Motiv: Der extrem klein gebliebene Spross einer spanischen Adelsfamilie namens Tulifant möchte trotz seiner körperlichen Beeinträchtigung nicht auf die Ausbildung zum Ritter verzichten und begibt sich, im Ohr seines Pferdes sitzend, auf eine Reise mit vielen Abenteuern. Beeindruckend sind das Selbstbewusstsein und der Optimismus des winzigen Recken. Diese Eigenschaften und nicht zuletzt die flotten Verse lassen die märchenhafte Romanze zu einem Lesevergnügen werden:

> *Mein Vater, mich verzehren*
> *Der Tatenhunger und der Durst nach Ehren!*
> *Jüngling bereits nach Jahren,*
> *Bin ich ein Kind in dem, was ich erfahren.*
> *Ehrwürd'ger Wappen Schilder*
> *Sehn mahnend nieder, großer Ahnen Bilder*
> *Befragen mich voll Hoheit:*
> *Wie lange bleibst du hier im Stand der Roheit?*
> *Laß mich, mein Vater, ziehen*
> *Hin, wo die Blumen heil'gen Ruhmes blühen!*[(5)]

Immermanns zahlreiche Gedichte hingegen werden in der Forschungsliteratur als „epigonal" gewertet. Es liegt eine gewisse Ironie darin, dass ausgerechnet dem Verfasser der „Epigonen", der den epigonalen Charakter seiner Zeit beklagt, genau diese Minderqualität selbst bescheinigt wird. Das gilt auch für seine Theaterstücke. Immermann hat der Nachwelt gut 16 Dramen hinterlassen, Lustspiele wie Tragödien. Doch der leidenschaftliche Theatermann hat nun ausgerechnet mit seinen Stücken die Nachwelt nicht überzeugen können. Die Literaturwissenschaft wertet sie größtenteils als Nachahmung bereits vorhandener Muster, die von Schiller oder Lessing gesetzt wurden. An unseren Theatern gehören sie nicht zum Repertoire, schon zu Immermanns Lebzeiten war ihnen kein Erfolg beschieden.

Das steht im Gegensatz zu Immermanns Leistungen für die Entwicklung einer professionellen Schauspielkunst. In Düsseldorf hatte Immermann von 1834-1837 die Intendanz der dortigen Schauspielbühne inne und schuf eine neue Darstellungsqualität, die auch für andere Bühnen mustergültig wurde.

Schon kurz nach seinem Eintreffen in Düsseldorf inspizierte er das Schauspielhaus. Sein Eindruck war negativ, nicht nur was den Zustand des Gebäudes betraf. Vor allem die mangelnde Qualität der gespielten Stücke und die nachlässige Darstellungsweise der Schauspieler erregten sein Missfallen. Als Kunstfreund hatte er bereits während seines Studiums in Halle und auf seinen Reisen fleißig die verschiedenen Theater besucht und ihre Darstellungsweisen miteinander verglichen. Zudem war Immermann ein eifriger Leser klassischer und zeitgenössischer Literatur. Er bewunderte Goethe, Schiller, Lessing und nicht zuletzt Shakespeare. Sein Ideal war eine Bühne, die die hochwertigen Stücke authentisch und in ansprechender Schauspielkunst aufführte. Das Düsseldorfer Schauspielhaus konnte diesen Anspruch nicht erfüllen. Meist spielte man triviale Unterhaltungsstücke; und die Schauspieler, die nur kurzzeitig engagiert wurden, konnten ebenfalls nicht überzeugen. Immermann nutzte die Renovierung des Gebäudes, um den bisherigen Theaterdirektor kalt zu stellen und selber die Intendanz zu übernehmen. Von 1834 an schulte er intensiv die Schauspieler, organisierte dazu viele Lesungen. Zudem versuchte er, ein festes Ensemble an das Haus zu binden, indem er Jahresverträge abschloss. Bei der Stückeauswahl wurden nun die gehaltvollen Autoren bevorzugt. Immermann hatte sich am Gericht eigens beurlauben lassen, um sich ganz der Theaterarbeit widmen zu können. Die Anerkennung weit über die Grenzen Düsseldorfs hinaus blieb auch nicht aus. Leider jedoch stützten die Einnahmen das kunstsinnige Engagement nicht. Obwohl sich Immermann und der Theaterverein um weitere Mittel bemühten, kam der Betrieb auf keinen grünen Zweig. Man muss dazu bedenken, dass Düsseldorf damals nur rund 30.000 Einwohner zählte. Von einem Ansturm auf die Vorstellungen war nicht auszugehen; und das ständige Einwechseln neuer Stücke, um das Publikum bei der Stange zu halten, trieb die Kosten. Immermann musste 1837 den Erneuerungsprozess abbrechen und auf seine Stelle als Landgerichtsrat zurückkehren. Damit war diese hoffnungsfrohe Periode beendet. Immermann brauchte lange, um mit der Enttäuschung fertig zu werden.

In seinen Memoiren, die er in seinen letzten Jahren in Angriff nahm, blickt Immermann auf seine Zeit und die eigene Entwicklung zurück. Diese „Memorabilien" sind absolut lesenswert. Mehr noch als die Romane bilden sie das Alltagsleben im 19. Jahrhundert ab. Denn sie berichten seriös, verzichten auf Ironie und Satire. So schildert Immermann beispielsweise, wie er als Kind den Einmarsch französischer Truppen in Magdeburg erlebte: wie erst der Anblick der zurückflutenden deutschen Soldaten in den Bürgern die Ahnung aufsteigen ließ, dass der sicher geglaubte Sieg über Napoleon verspielt war; wie die französische Militärführung plündern und vergewaltigen ließ, um die Stadt zu einer Kontributionszahlung zu zwingen. Aber auch charmante Szenen kommen zur Sprache, wie sich ein Student als preußischer König ausgibt und damit die Bürger narrt; wie junge Leute ausgelassen den Geburtstag eines Onkels feiern und diesen die Rechnung für die Ausgaben zahlen lassen.

An Immermanns Lebensweg fällt uns Nachgeborenen ins Auge, dass der Dichter – wie viele Künstler – in einem Widerspruch lebte zwischen seinem bürgerlichen Brotberuf und den künstlerischen Interessen. Als Sohn einer gehobenen bürgerlichen Familie mit universitärer Ausbildung galt seine Leidenschaft doch dem Schreiben. Auch sein Privatleben konnte er nur schwer nach bürgerlichen Normen ausrichten. Mit der geschiedenen Ex-Frau des legendären Freikorpsbegründers Graf von Lützow lebte er viele Jahre ohne Trauschein zusammen, bis er sich schließlich von ihr trennte und 1839 die junge Marianne Niemeyer heiratete. Sie gebar ihm im darauf folgenden Jahr eine

Tochter, am 12. August. Nur wenige Tage später, am 25. August 1840, starb Karl Immermann an einem Lungenschlag.

Sein ehemaliges Wohnhaus in Düsseldorf wurde im Zweiten Weltkrieg zerstört. Aber im Hofgarten, der grünen Lunge der City, erhebt sich am Rande der Goltsteinstraße ein überlebensgroßes Denkmal von 1901, das Karl Immermann im langen Mantel mit Buch und Federkiel darstellt. Genau 100 Jahre nach seinem Tod wurde es dort aufgestellt. Überdies ist ihm eine Straße unweit des Hofgartens gewidmet, immerhin eine Hauptverkehrsader. Wer mag, kann noch zum nahe gelegenen historischen Golzheimer Friedhof pilgern. Dort liegt hinter einem altertümlichen Metallkreuz mit Namenszug sein Grab. Von 1936-1967 vergab die Stadt einen Immermann-Preis an verdiente Schriftsteller. Preisträger waren u.a. Marie Luise Kaschnitz, Wolfdietrich Schnurre und Ernst Jünger. Dann jedoch musste Immermanns Name als Aushängeschild des Literaturpreises einem berühmteren Sohn der Stadt weichen: Heinrich Heine.

Anmerkungen:

[1] Brief Karl von Holteis, 1827, zitiert nach: Peter Hasubek, S. 12, a.a.O.

[2] Immermann, Karl: Andeutungen über den Zweck des Kunstvereins für die Rheinlande und Westfalen, in: Ders., Werke in fünf Bänden, Bd. 1, S. 709, a.a.O.

[3] Immermann, Karl: Münchhausen, in: Ders., Werke in fünf Bänden, Bd. 3, S. 197f., a.a.O.

[4] Vgl. Müller, Ernst: Auf den Spuren deutscher Dichter; Lambert-Schneider-Verlag, Darmstadt 2012, S. 143ff.

[5] Immermann, Karl: Tulifäntchen, in: Ders., Werke in fünf Bänden, Bd. 1, S. 423, a.a.O.

Literatur:

Immermann, Karl: Werke in fünf Bänden, hrsg. von Benno von Wiese; Athenäum-Verlag, Frankfurt a.M. 1971.

Hasubek, Peter: Carl Leberecht Immermann, in: www.immermann.de

Wiese, Benno von: Karl Immermann – sein Werk und sein Leben, Gehlen-Verlag, Bad Homburg, Berlin und Zürich 1969.

www.immermann.de

Düsseldorf

FRIEDRICH HEINRICH JACOBI (1743-1819)
UND DER KLASSISCHE MUSENHOF

Am Hofgarten, der grünen Lunge von Düsseldorfs Innenstadt, liegt ein Barockschlösschen mit Namen Jägerhof. Hierin wohnte im 18. Jahrhundert der Förster des Landgutes Pempelfort. Dieses Landgut gehörte dem reichen Zuckerfabrikanten Johann Konrad Jacobi. Aus dem ehemaligen Landgut ist der heutige Düsseldorfer Stadtteil Pempelfort hervorgegangen. Seit 1955 befindet sich im Jägerhof das Goethe-Museum. Es ist neben Weimar und Frankfurt die dritte große Sammel- und Präsentationsstelle mit Originalzeugnissen aus Goethes Leben und Werk.

Warum gerade dort? Goethe selbst war nur wenige Male zu Besuch in Düsseldorf und hat ansonsten zur Stadt keine Beziehung. Nun, der geistige Anknüpfungspunkt für das Museum ist die Erinnerung an einen bedeutenden Sohn des ehemaligen Gutsbesitzers und zugleich Jugendfreund Goethes: den Philosophen und Schriftsteller Friedrich Heinrich Jacobi (1743-1819).

Der rheinische Schöngeist trug wesentlich zu den Debatten der Aufklärung bei, wie sie sich im Zuge der Philosophie Immanuel Kants entwickelten. Er stand mit den führenden Geistern seiner Zeit in brieflichem und persönlichem Kontakt. In den philosophischen Streitthemen führte er das Wort mit Beiträgen in Zeitschriften, Abhandlungen und eigenen Büchern. Angelpunkt von Jacobis Auseinandersetzung mit der Philosophie der Aufklärung ist die Bedeutung von Gefühl und Glaube. Rationalistische Philosophen versuchten damals, die Erkenntnis der Welt aufs reine Denken zu reduzieren. Jacobi hingegen verteidigte das Empfinden der Menschen als ursprünglichen und begründeten Zugang zur Welt und ihrer Erkenntnis.

Berühmt wurde der so genannte Spinoza-Streit. Der niederländische Philosoph Benedictus Spinoza (1632-1677) hatte ein Jahrhundert zuvor eine rationalistische Erkenntnistheorie auf der Grundlage von Mathematik entworfen. Danach gelten nur Dinge und Phänomene als „wirklich", die man beweisen kann. Jacobi lehnte diese Theorie ab. Denn er sah darin eine Herabwürdigung Gottes, der sich in kein mathematisches System eingliedern lasse. Überdies maß Jacobi dem menschlichen Gefühl und Glauben die Fähigkeit zu, ebenfalls das Wirkliche wahrzunehmen und zu erkennen. Der öffentliche Streit über diese Frage entzündete sich an einem Briefwechsel, den Jacobi mit dem Philosophen Moses Mendelssohn führte und 1785 veröffentlicht hatte. Dieser Streit wurde vor dem Hintergrund der damals aktuellen Debatte über die Stellung Gottes in der Welt und die Bedeutung menschlicher Vernunft ausgetragen.

Friedrich Heinrich Jacobi trat aber nicht nur als Philosoph an die Öffentlichkeit. Auch versuchte er sich als Schriftsteller. Zwei Romane entsprangen seiner Feder. Beide wurden wenige Jahre nach dem Erscheinen von Goethes Erfolgsroman „Die Leiden des jungen Werthers" (1774) verfasst und waren von diesem Werk offenkundig inspiriert.

Den Roman „Woldemar" (1776) widmete Jacobi seinem Freund Goethe sogar eigens. Der Roman ist ein literarisches Dokument der Epoche der Empfindsamkeit, die zwischen 1740 und 1780 ihre Blüten trieb. Die Literatur dieser Strömung zeichnet sich durch Selbstergründung und Gefühlsüberschwang aus. Auch der „Werther" entsprang diesem Lebensgefühl.

Ein Textbeispiel aus „Woldemar" sei angeführt, in dem der Titelheld in einem Brief schreibt:

> *Ja, so muss es sein wenn Liebe zu Freundschaft empor kommen soll. Lieben – bis zur Leidenschaft, kann man jemand in der ersten Stunde, da man ihn kennen lernt; aber eines Freund werden – das ist bei weitem eine andere Sache. Da muss Mensch mit Mensch in dringenden Angelegenheiten erst oft und lange verwickelt werden, der Eine dem Anderen vielfältig sich erproben, Denkungsart und Handlungsweise zu einem unauflöslichen Gewebe sich in einander schlingen, und jene Anhänglichkeit an den ganzen Menschen entstehen, die nach nichts mehr fragt, und von sich nicht weiß – weder woher noch wohin.* [1]

Jacobis „Woldemar" handelt von jungen Erwachsenen der bürgerlichen Oberschicht. Ihre Gedanken kreisen um Tugend, Freundschaft, Heirat und Vermögen. Dabei legen sie eine Hypersensibilität an den Tag, die der damaligen Zeitströmung im literarischen Leben entsprach, auf den heutigen Leser hingegen reichlich übertrieben wirkt. Während in Goethes „Werther" die Personen trotz aller Gefühlsaufwallung realitätsnah und lebensecht gezeichnet sind, bleiben die Personen in Jacobis „Woldemar" literarische Fiktionen. Ein „echtes" Menschenleben ist diesen Schablonen nicht vergönnt. Dies dürfte der Grund sein, weshalb weder Goethe noch die Nachwelt viel von diesem Roman hielten, obgleich er zu seiner Zeit durchaus ein Erfolg wurde. Heute gehört er zu den weitgehend vergessenen Romanwerken, interessant nur noch für Liebhaber der Literatur.

Vielleicht war es auch gar nicht die Absicht Jacobis, lebensechte Personen zu gestalten. Sein Roman zeichnet sich eher durch Gedankenexperimente aus. Sein Personal ist darauf ausgelegt, theoretische Überlegungen zu den Themen Freundschaft, Geselligkeit und Individualität zu entwickeln. Man merkt beim Lesen, dass der Autor mehr Philosoph als Schriftsteller ist. Da in der Tat das publizistische Werk Jacobis weitgehend ein philosophisches ist, liegt der Gedanke nahe, dass die Philosophie auch beim Verfassen des Romans für ihn die Hauptrolle spielte. Wobei sich Jacobi auch als Dichter in der grundlegenden Ansicht seiner theoretischen Abhandlungen treu blieb, dem Gefühl einen bedeutenden Platz im menschlichen Leben einzuräumen.

Das abstrakte Erzählen wohlmeinender Lebenskunst macht „Woldemar" zu keiner Lektüre, die das Interesse eines breiten Publikums im 21. Jahrhundert noch wecken könnte. Aber dennoch handelt es sich um einen espritvollen Roman, der den bibliophilen Leser auf angenehme Weise in die geistige Welt des 18. Jahrhunderts einführt. Falls diese Welt denn so gewesen sein sollte, wie Jacobi sie schildert. Sicherlich ist er beim Abfassen vor allem von seiner eigenen Welt ausgegangen: dem Milieu der intellektuellen Oberschicht.

Weitaus stärker als mit seinen Romanen blieb Jacobi der Öffentlichkeit als geistiger Netzwerker in Erinnerung. Er nutzte die Bequemlichkeit seines Landgutes, um führende Dichter und Philosophen seiner Zeit nach Düsseldorf zu ziehen. Dadurch entstand auf Gut Pempelfort eine Art Musenhof, eine Stätte des Austauschs zwischen großen Geistern. Christoph Martin Wieland war hier zu Gast, der führende Romancier des 18. Jahrhunderts; auch Wilhelm Heinse, ein bekannter Schriftsteller der Zeit. Johann Gottfried Herder kam, der große Humanist aus Weimer. Und nicht zuletzt Johann Wolfgang Goethe, den Jacobi gleich nach dessen Werther-Veröffentlichung an den Rhein einlud. In seinen Lebenserinnerungen hat Goethe die Begegnung und ihren Charakter festgehalten:

> *Wir gelangten nach Düsseldorf und von da nach Pempelfort, dem angenehmsten und heitersten Aufenthalt, wo ein geräumiges Wohngebäude an weite wohlunterhaltene Gärten stoßend, einen sinnigen und sittigen Kreis versammelte.*[(2)]

Weitere Kontakte Jacobis entstanden durch Briefe und Reisen.

Als nach dem Zweiten Weltkrieg der Verleger Anton Kippenberg von Leipzig in den Westen fliehen musste, suchte er für seine umfangreiche Sammlung von Zeugnissen aus Goethes Leben und Werk eine neue Heimstätte. Das ehemalige Gut Pempelfort mit seinem noch existierenden Jägerschlösschen bot sich an. Zwar hat Goethe das Schlösschen in seinen Aufzeichnungen nicht erwähnt, aber gesehen haben muss er es, als er bei Jacobi zu Gast war.

Jacobi selber wohnte im Haus nebenan. Das „Jacobi-Haus" steht immer noch und ist heute im Besitz der Düsseldorfer Künstlervereinigung Malkasten. Ein Teil des Hauses ist seinem ehemaligen Bewohner gewidmet, dessen Büste im Eingangsbereich steht. Im anderen Teil ist ein Café und Restaurant untergebracht, das im Sommer von der Terrasse aus einen herrlichen Blick in den ehemaligen Garten Jacobis bietet. Dieser Garten, zu dem Besucher gegen Eintritt auch außerhalb des Restaurantbetriebes Zugang haben, ist allein schon eine Besichtigung wert. Er zeichnet sich durch wildromantische Anlagen, Freiluftkunstwerke und schön gestaltete Spazierwege aus. Viele Besucher des Goethe-Museums unternehmen anschließend auch einen Rundgang durch den Jacobi-Garten. Die Straße vor Jacobi-Haus und Jägerhof trägt übrigens ebenfalls den Namen des großen Philosophen und Schriftstellers.

Jacobi selber hatte seine Heimat später verlassen müssen. Als Napoleon mit seinen Truppen 1794 die Stadt einnahm, setzte sich der Philosoph nach Hamburg ab. Dort wohnte er bei dem Dichter Matthias Claudius, mit dem er gut befreundet war. Wenige Jahre später verschlug es den Rheinländer nach Bayern. Dort wurde er Präsident der Königlich Bayerischen Akademie, nachdem er zuvor schon in der bayerischen Verwaltung an der Steuer- und Wirtschaftspolitik mitgewirkt hatte. In der bayerischen Hauptstadt München ist Jacobi auch verstorben.

Sein älterer Bruder hatte ebenfalls als Homme de lettres Bekanntheit erlangt: Johann Georg Jacobi wurde Philosophieprofessor in Halle, widmete sich später aber vornehmlich seinen Dichtungen. Er war es auch, der seinen Bruder Friedrich Heinrich mit Christoph Martin Wieland bekannt gemacht hatte, an dessen literarischer Zeitschrift „Teutscher Merkur" er mitwirkte. Durchgesetzt hat sich Johann Georg mit seinen Gedichten im Rokoko-Stil und Prosatexten allerdings nicht nachhaltig. Bereits die Zeitgenossen schätzten sein literarisches Werk nicht hoch ein. Die Nachwelt hat ihn vergessen.

Wenn von Jacobi die Rede aufkommt, so ist meist Friedrich Heinrich, der Philosoph, gemeint. Mit ihm beschäftigt sich die Philosophiegeschichte noch heute, sogar immer intensiver. Sein Landgut Pempelfort mit dem ehemals regen geistigen Leben hat Spuren hinterlassen, nicht zuletzt durch das Goethe-Museum.

Anmerkungen:

(1) Jacobi, Friedrich Heinrich: Woldemar, in: Werke, 5. Band, S. 26 (original in Frakturschrift), a.a.O.

(2) Goethe, Johann Wolfgang: Dichtung und Wahrheit, 3. Teil, 14. Buch, S. 291, a.a.O.

Literatur:

Jacobi, Friedrich Heinrich: Woldemar; in: Werke, hrsg. v. Friedrich Roth u. Friedrich Köppen, Wissenschaftliche Buchgesellschaft, 5. Band, Darmstadt 1968 (Nachdr. Leipzig 1820).

Goethe, Johann Wolfgang: Dichtung und Wahrheit, Sophien-Ausgabe Bd. 28, DTV, München 1987 (Nachdr. Weimar 1890).

Remmel, Andreas und Paul (Hrsg.): „Ich träume lieber Fritz den Augenblick" – Der Briefwechsel zwischen Goethe und F.H. Jacobi, hrsg. v. Max Jacobi, Weidmannsche Verlagsbuchhandlung, Bernstein-Verlag, Hildesheim 2005 u. Bonn 2005.

Sandkaulen, Birgit: Grund und Ursache, Die Vernunftkritik Jacobis, Fink, München 2000.

www.rheinischegeschichte.lvr.de/persoenlichkeiten/J/Seiten/FriedrichHeinrichJacobi.asps

Moers

HANNS DIETER HÜSCH (1925-2005)
UND DIE IRONIE DES MENSCHENSCHLAGS

Hanns Dieter Hüschs Sprachkaskaden lassen sich zwar gut lesen. Davon zeugen die vielen, oftmals mit Bildern vom Niederrhein illustrierten Buchausgaben. Doch besser ist es, sie zu hören. Denn die Texte sind in erster Linie zum Vortrag gedacht. Nicht umsonst war der einstige Doyen der deutschen Kleinkunstbühnen erklärter Kabarettist, wenn auch kein politischer, sondern ganz bewusst ein literarischer. Auf der Bühne saß er meist hinter einem Harmonium, das ihm musikalische Einlagen erlaubte; vor ihm ein dicker Stapel Papiere. „Ich bin Deutschlands faulster Kabarettist", pflegte Hüsch zu sagen. Er lerne nichts auswendig, sondern lese vom Blatt ab. Diese Eigentümlichkeit erlaubt es aber der Nachwelt, seine Texte als literarische Erscheinungen zu verwerten und zu genießen, wenn auch seine Stimme 2005 für immer verstummt ist.

Diese Stimme und der eigentümliche Sprachduktus waren seit den 70er Jahren einem breiten Publikum bekannt. Denn Hüsch brach nicht nur zu Tourneen durch die ganze Republik auf, sondern war auch im Fernsehen präsent: Unvergessen seine Unterlegung der TV-Stummfilmserie „Väter der Klamotte" mit witzigen Kommentierungen, die er in ironische Figurenrede kleidete. Wer ihn als Schauspieler in der gesellschaftskritischen Familienserie „Immer wieder sonntags" oder als Gast diverser Kabarettsendungen erlebt hat, konnte sich später schon beim Erklingen seiner Stimme im Geiste vorstellen, wie er sich beim Sprechen so charakteristisch an die randlose Nickelbrille fasste, die schließlich auch in Karikaturen sein Markenzeichen wurde.

Hüschs Bühnentexte sind von unterschiedlicher Qualität. Eine erste Kategorie darf als uneingeschränkt poetisch gelten. Es sind die Texte eines Dichters, der aus dem Gefühl schöpft; der sich anregen lässt durch Menschen und Landschaften; der Streiflichter der Beobachtung und Reflexion in scheinbar banalen Versen wiedergibt. Aber zwischen den Zeilen bricht sich literarische Kraft Bahn. Ein Beispiel von vielen:

> *Im Januar*
> *Könnte mein Niederrhein*
> *Ein Stück Theater*
> *Von Shakespeare sein*
> *In den Weiden hocken die Hexen*
> *Und hinten rechts in dem kleinen Stall*
> *Spielt Hamlet mit Ophelien*
> *Federball*
> *So leicht ist die Luft*
> *So schwer ist die Welt*
> *Doch die Sonne blinzelt*
> *Durchs Himmelszelt.* [1]

Der Vergleich von der Landschaft mit dem Charakter klassischer Literatur erlaubt einen ungewohnten Zugang zur Eigenheit der Jahreszeit. Die erzeugte Spannung von „leicht" zu „schwer" vermittelt die Doppelbedeutung der Verse, die sich in einer positiven Perspektive auflöst: die Schwere des Daseins, die von der flüchtigen Anschauung der Landschaft nur verdeckt worden ist, findet ihre Lösung in spiritueller Hoffnung.

Religiöse Texte machen einen wichtigen Teil im Werk von Hanns Dieter Hüsch aus, der evangelisch getauft war und zuweilen sogar kleine Predigten auf Kirchentagen hielt. Die Texte in dieser Kategorie zeichnen sich durch eine hintergründige Frömmigkeit aus, die wenig gemein hat mit offiziellem Auftreten der Amtskirchen und auch keine Übertragungen biblischer Motive sind. Statt dessen schöpft Hüsch aus dem Alltagsleben, dem er eine spirituelle Note verleiht, die er oft nur sanft anklingen lässt. Anderes ist deutlicher und geht schon mal ins Politische über :

> *Sie sagen*
> *Die Bergpredigt wäre nicht so gemeint.*
> *Ich glaube es nicht*
>
> *Sie sagen*
> *Du sollst nicht töten ist so zu verstehen, dass...*
> *Ich glaube es nicht*
>
> *Sie sagen*
> *Bei etwas gesundem Menschenverstand*
> *Müsste doch jeder...*
> *Ich glaube es nicht*
>
> *Sie sagen*
> *Selbst Christus würde, wenn er heute ...*
> *Ich glaube es nicht*
>
> *Und wenn man mir Berge*
> *Schwarzen und roten Goldes verspricht*
> *Ich glaube es nicht*[2]

Neben eindeutig literarischen Texten verfasste Hüsch auch eine Vielzahl Geschichten, die einfach auf den Sprachwitz zielen und keinen tieferen poetischen Gehalt haben. Sie sollen offenbar das Publikum dadurch zum Lachen bringen, dass die Menschen in den Versen ihren unreflektierten Sprachgebrauch wieder erkennen:

> *Wissen Sie eigentlich wat ich auf en Tod / Auch nicht ausstehen kann / Wenn unangemeldet Besuch kommt / Dem man auch noch sofort ansieht / Dass man ihn kaum noch aussem Haus kriegt / Dat ist auch so eine niederrheinische Angewohnheit / Bloß nur mal eben vorbeigucken / Um dann nach einem Jahr erst wieder zu gehen / Mit dem Vorbeigucken da ham se et sowieso / Alle Nas lang / Wenn ich in die Nähe / Meiner alten Heimatstadt Moers komm / Heißet immer sofort / Kannz doch mal auf en Sprung vorbeikommen / Und ich versuch dann immer denen klar zu machen / Dass das technisch unmöglich ist / Ich bin ja kein Känguruh ...* [(3)]

Es dürfte schwer fallen, in diesen Versen einen doppelten Boden der Bedeutung auszumachen. Der Text ist für das Verständnis an der Oberfläche gedacht. Und dennoch unterliegt ihm eine literarische Dimension: Er archiviert einen Sprachduktus, der in der modernen Gesellschaft mit ihrem Hang zur hochdeutschen Normierung zunehmend ausstirbt. Es liegt weniger an der Nachahmung des niederrheinischen Dialektes; wenn auch die Schreibweise der Wörter nach der rheinischen Aussprache dem Text eine spezielle Farbigkeit verleihen. Wesentlicher für die archivare Bedeutung sind aber die banalen Inhalte und die Art ihres Ausdrucks. Es handelt sich um einen Sprachduktus, der ländlich und kleinbürgerlich geprägt ist und außerdem an die alte Generation gebunden ist. So sprachen und sprechen die Generation Hüsch und die Generationen seiner Eltern und Großeltern. Ob die nachfolgenden Generationen noch so sprechen werden, und zwar was inhaltliche Schablonen und Ausdrucksweise anbelangt, darf bezweifelt werden. Insofern konservieren gerade die Texte, in denen Hüsch „dem Volk aufs Maul schaut", das Lebensgefühl einer vergehenden Zeit.

In den zitierten Textbeispielen klingt überdies an, dass Hüsch sich seiner niederrheinischen Heimat eng verbunden fühlte. Er ist kein Regionalautor, dazu war seine Wirkung im gesamten Bundesgebiet und sogar im deutschsprachigen Ausland zu groß. Aber er gehört zu den Autoren, die die eigene Herkunft zum Thema von Literatur gemacht haben. Die niederrheinische Landschaft, das niederrheinische Lebensgefühl seiner Zeit, die Sprache, das Fühlen und Denken insbesondere des kleinbürgerlichen und ländlichen Milieus, sind stetig wiederkehrende Themen in Hüschs Texten. Dabei hat Hüsch selber seine Heimat nach der Schule verlassen und nahm später Wohnung in Mainz und Köln. Aber offenkundig hat ihn der Niederrhein nie losgelassen. Seine Geburtsstadt ist Moers. Hier wuchs er auf und ging zur Schule. In dieser Stadt ist er auch beerdigt worden, die Gedenkfeier fand in der Kirche statt, in der er einst getauft worden war.

Niemand kann der Stadt Moers vorwerfen, nicht ausreichend an ihren großen Sohn zu erinnern. Hüsch ist präsent. Gleich neben seiner alten Schule, dem Gymnasium Adolfinum, auf dem der Pennäler sein Abitur ablegte, prägt heute ein futuristischer Bau das Straßenbild. Darin sind Stadtbücherei, Volkshochschule und Stadtarchiv sowie ein Café untergebracht. Das Multifunktionsgebäude nennt sich „Hanns-Dieter-Hüsch-Bildungszentrum". Und gleich vor dem Haupteingang steht eine fast lebensgroße Bronzestatue mit den unverkennbaren

Gesichtszügen Hanns Dieter Hüschs. 2015 wurde die Statue hier errichtet, angeregt durch den Hüsch-Freundeskreis.

Nur einige hundert Meter weiter gelangt man bald in die malerische Altstadt. Sie ist geprägt durch urgemütliche alte Gassen und moderne Geschäfte. Genau am Schnittpunkt von Friedrichstraße und Pfefferstraße liegt ein kleiner umbauter Marktplatz mit Café. Heute trägt er den Namen „Hanns-Dieter-Hüsch-Platz". Eine blaue Banderole um eine historisierende Straßenlaterne lässt den berühmten Namen deutlich ins Auge fallen. Seitwärts haben die Stadtväter zu Ehren Hüschs ein stilvolles Denkmal errichten lassen. Es besteht aus fünf schmalen und hohen Stelen, die zu einem gewichtigen Block zusammengefügt sind. Auf der Vorder- und Hinterseite des Blocks sowie auf den Schmalseiten sind Textfragmente aus Hüschs Feder sowie karikaturhafte Zeichnungen eingraviert: Hüsch als Schuljunge in kurzen Hosen, als seine literarische Gestalt Hagenbuch mit Hut und Mantel, als zum Himmel aufschauender Engel mit Heiligenschein. Dazu Textzeilen aus seinem Repertoire wie „Friede fängt beim Frühstück an" oder das berühmte Lied

> *Ich sing für die Verrückten*
> *die seitlich Umgeknickten*
> *die eines Tags nach vorne fallen*
> *und unbemerkt von allen*
> *sich aus der Schöpfung schleichen*
> *weil Trost und Kraft nicht reichen ...*

Eine plastikgeschützte Infotafel an der gegenüberliegenden Hauswand unterrichtet den Besucher kurz und knapp über Leben und Bedeutung des Kabarettisten.

Begraben ist der Poet auf dem Hülsdonker Hauptfriedhof, der etwas abseits der Stadt liegt. Man fährt die Hülsdonkstraße herunter, um zum Friedhof zu gelangen. Gleich am Haupteingang fällt eine Infotafel mit fotografischen und karikaturhaften Abbildungen Hüschs ins Auge, darunter auch Bilder aus Kindheit und den Anfängen als Kabarettist in den späten 40er Jahren. Die Tafel weist dem Besucher den Weg zu seinem Ehrengrab, das seine Vaterstadt ihm hat errichten lassen. Das Grab liegt etwas versteckt hinter hohen Büschen und beschreibt ein kleines, mit Bodendeckern und Blumen bewachsenes Rondell. Dahinter erhebt sich eine Stele aus hellgrauem Granit im Stil eines Bandes, das in die Höhe weist und dann abgerundet wieder zur Erde führt. Symbol für den Lebenslauf. Auf der Vorderseite ist das Profil Hüschs mit der charakteristischen Nickelbrille zu sehen. Darunter die Lebensdaten und ein Textfragment aus seinem Werk. Auch auf der Hinterseite hat der Gestalter Manfred Messing einen denkwürdigen Text eingraviert:

> *Ich habe immer versucht, die Erhabenheit der Bäume, die Unverwundbarkeit der Steine, die Vorurteilslosigkeit der Flüsse und die Gelassenheit der Tiere zu erreichen, aber es ist mir nicht gelungen.*

Wer auf den Spuren Hüschs in Moers wandelt, wird auch den Tag in der Stadt verbringen wollen. Dazu bietet sich besonders das Schloss an, das gleich an die Altstadt grenzt. Es beherbergt ein sehenswertes Heimatmuseum und ist von einem Park mit uralten Bäumen umgeben. Von Bänken aus lässt sich wunderbar das Treiben der Wasservögel auf dem Moersbach beobachten, der sich romantisch durch den Grüngürtel zieht. Besonderer Blickpunkt ist der Rosengarten.

Wie sehr die Stadt seiner Jugend und überhaupt der Niederrhein Hanns Dieter Hüsch geprägt haben, ist aus seinem Werk mühelos abzulesen. Immer wieder beschwört er die Landschaft und die sprachlichen Eigenheiten seiner Heimat, ironisiert liebevoll die Mentalität der Menschen seiner Herkunft. Die Reflexion darüber erfolgte aber aus einer zweifachen Distanz. Einmal der intellektuellen, aus der heraus er sich zum Außenseiter gerierte. Der ironische Ehrentitel „Das schwarze Schaf vom Niederrhein", den er für sich in Anspruch nahm, zeugt davon. Zum anderen schrieb Hüsch aus geografischem Abstand heraus: denn zum Studium verließ er Moers und kehrte – von Stippvisiten abgesehen – nie mehr heim. Wie sich der Abschied zutrug und wie endgültig er war, beschreibt Hüsch in seiner Autobiografie, die 1990 erschien:

> *Im Mai 1946, ich hatte eigentlich schon aufgegeben, denn die Universitäten in Köln und Bonn, wo ich am liebsten, wegen der Nähe zu Moers, studiert hätte, waren hoffnungslos `ausverkauft´, und ich spielte schon mit dem Gedanken, in Moers zu bleiben, so vor mich hin zu leben, vielleicht als mittlerer Beamter (...) Und da begab es sich, dass meine Freunde (...) erfahren hatten, dass in Mainz eine ganz neue Universität aufgemacht würde (...) Gut, sagte ich, wenn das so ist, fahren wir, wir werden ja sehen. Wir werden ja sehen, sagten auch die anderen, aber dass ausgerechnet ich dann über vierzig Jahre in Mainz hängen bleiben sollte, dass Mainz ausgerechnet für mich, der ich zuerst gar nicht wollte, meine zweite Heimat wurde, mein zweites Zuhause, das ahnte natürlich keiner, ich schon gar nicht, denn ich wollte ja vom Niederrhein nicht weg, vorübergehend ja, aber nicht für ewig, und dass ich dort auch als einziger mein Leben gefunden habe, das konnte auch kein Mensch wissen.* [4]

Und auch bei dieser Prosa bewahrheitet sich der Eindruck, dass man Hüsch besser hört als liest. Selbst seine Autobiografie ist statt in einer Schriftsprache in der Sprechsprache verfasst.

Anmerkungen:

(1) Hüsch, Willkommen in meiner Welt, S. 10; a.a.O.

(2) Hüsch, Das Schwere leicht gesagt, S. 18; a.a.O.

(3) Hüsch, Tach zusammen, S. 7f. ; a.a.O.

(4) Hüsch, Du kommst auch drin vor, S. 190f.; a.a.O.

Literatur:

Hüsch, Hanns Dieter: Du kommst auch drin vor, Gedankengänge eines fahrenden Poeten, Kindler-Verlag, München 1990.

Ders.: Das Schwere leicht gesagt, Herder-Verlag, Freiburg im Breisgau 1994.

Ders.: Tach zusammen, Mercator-Verlag, Duisburg, 4. Aufl. 1997.

Ders.: Willkommen in meiner Welt, Brendow-Verlag, Moers 2000.

Viersen

ALBERT VIGOLEIS THELEN (1903-1989)
UND DAS LEBENSGEFÜHL DER EMIGRATION

Der außergewöhnlichste Roman der deutschen Exilliteratur stammt vom Niederrheiner Albert Vigoleis Thelen. Thomas Mann nannte das 1000-seitige Mammutwerk „Die Insel des zweiten Gesichts" von 1953 durchaus anerkennend „merkwürdig, bunt und kraus" [1] und zählte es zu den herausragenden Romanen des 20. Jahrhunderts. Bunt und kraus verlief auch das Leben seines Schöpfers.

Thelen wurde 1903 in Süchteln geboren, einer kleinen Stadt am Niederrhein, die heute zur Kreisstadt Viersen zählt. Ihre größte Attraktion sind die benachbarten Süchtelner Höhen, ein nur kleiner, aber dicht bewaldeter Höhenzug, der sich als Ausflugsgebiet in der Umgebung großer Beliebtheit erfreut. Mitten im Wald steht auf einer Lichtung die St. Irmgardis-Kapelle, zu der einmal jährlich eine katholische Prozession zieht. Der Name geht auf eine Einsiedlerin im Mittelalter zurück. Die traditionelle Würdigung der Heiligen symbolisiert die starke katholische Prägung der Gegend. Auch Thelens Elternhaus war religiös. Albert Thelen selbst hat sich in seinen Schriften hingegen als gottlos bezeichnet und sich despektierlich über Kirche und Glauben geäußert.

Im benachbarten Dülken, heute ebenfalls ein Stadtteil von Viersen, ist Thelen 1989 gestorben. Und zwar in einem Altersheim, das heute noch bewohnt ist. Die enge Nachbarschaft von Geburts- und Sterbeort könnte beim ersten Hören auf eine provinzielle Existenz schließen lassen. In Wahrheit trifft auf Thelens Leben das krasse Gegenteil zu: Die meiste Zeit seines Lebens verbrachte der Emigrant im Ausland, stattliche 55 Jahre. Erst im hohen Alter kehrte er 1986 in seine Heimat zurück.

Bereits Anfang der 30er Jahre verließ der junge Thelen, der in Köln und Münster Niederländisch und Philosophie studiert hatte, Deutschland; also noch vor der Machtergreifung Hitlers. Die ersten Jahre seines Exils waren freiwillig. Später jedoch, als die Nazis regierten, wurde Thelen offiziell ausgebürgert. Konkreter Anlass war seine Weigerung, dem Einberufungsbefehl zur Wehrmacht Folge zu leisten. Nach dem Zweiten Weltkrieg äußerte Thelen mehrfach seine Antipathie für die entstandene Bundesrepublik, deren Gesellschaft sich nach seinem Empfinden nicht deutlich genug von der NS-Vergangenheit lossprach. Eine Rückkehr nach Deutschland kam für ihn nicht in Betracht. Lediglich zu kurzen Besuchen kehrte Thelen in den 50er und 60er Jahren hin und wieder in sein Land zurück. Eine Rückkehr war auch schon Anfang der 30er Jahre nicht erwogen worden, obgleich Thelen in seinen Erinnerungen von knapper Haushaltskasse und sogar Hungertagen spricht. Mühsam hielt er sich mit Übersetzungen aus dem Niederländischen und Portugiesischen über Wasser.

Sein Weg trieb ihn von Holland nach Mallorca, wo er fünf Jahre lebte, weiter nach Portugal, wo er während des Krieges auf dem Landgut eines portugiesischen Dichters Unterschlupf fand. Zwischenzeitlich war er noch in Frankreich, in der Schweiz und im Tessin gewesen. Nach dem Krieg kehrten der staatenlose Thelen und seine Frau zunächst nach Holland zurück, 1954 siedelten sie in die Schweiz über. Dort bewirtschaftete der handwerklich geschickte Schriftsteller von

1960 an im Auftrag der Besitzerin ein Anwesen in Blonay. Von 1973 bis 1986 lebte er mit seiner Frau am Genfer See. Wer ein solches Leben führt, hat zweifellos viel zu erzählen. Und das tat Albert Thelen im Kreis von Freunden und Besuchern gern. So erfolgte die Anregung, die erzählten Erlebnisse auch zu Papier zu bringen.

In nur neun Monaten schrieb Thelen seine Erlebnisse von der Exilstation Mallorca nieder und schmückte sie mit vielen Reflexionen, Rück- und Vorblicken sowie philosophischen Exkursen. Es entstand ein faszinierendes Romanwerk von über 1500 Seiten. Das war dem Verleger zu dick, sodass Thelen rund 500 Seiten wieder herauskürzte. Die gestrichenen Passagen hat er später vernichtet, wie er eine Reihe anderer Schriften ebenfalls verbrannt hat. Der Roman erschien 1953 unter dem Titel „Die Insel des zweiten Gesichts." Dieses Buch blieb Thelens Hauptwerk, mit dem er sich in die Literaturgeschichte eingeschrieben hat.

Es ist schwer zu entscheiden, ob es sich überhaupt um einen Roman im klassischen Sinne oder um eine Autobiografie handelt. Thelen selbst nennt das Buch im Untertitel „angewandte Erinnerungen". Die prallen Geschichten des mallorquinischen Lebens, die er mit ausufernder Fabulierlust schildert, entsprechen offenbar ziemlich genau den tatsächlichen Erlebnissen Thelens und seiner Frau. Zumal der Autor sich selbst und seine Frau sowie deren Bruder, der ebenfalls auf der Insel weilte, bei den realen Namen nennt.

Besonders reizvoll ist die ungewöhnliche Erzählperspektive. Der größte Teil des Buches ist in extremer Subjektivität des Ich-Erzählers geschrieben. Immer wieder jedoch spaltet sich der Erzähler selbst in zwei Existenzen auf und kommentiert als objektiver Er-Erzähler die Befindlichkeiten des eigenen Ichs; allerdings ohne dabei die subjektive Perspektive zu verlassen:

Aus einem doppelten Wissen, dem des Vigoleis, der das Drama als ein Mitspieler erlebt hat, und aus meiner übergeordneten Erzählhaltung heraus weiß ich, was jetzt kommt.[2]

Dieser Perspektivwechsel entspricht Thelens eigentümlicher Doppelnatur, die sich in dem angenommenen „Künstlernamen" Vigoleis ausdrückt. Er führt ihn gerne an, wenn er über sich selbst spricht. Den romantischen Zusatznamen hatte der Student Thelen einer literarischen Rittergestalt des Mittelalters entliehen. Im Roman referiert der Erzähler auch diesen Umstand aus der realen Welt des Autors. Gelegenheit dazu bietet eine Szene, in der Vigoleis, der gerade mit seiner Frau in eine Pension eingezogen ist, mit einem deutschen Mitbewohner bekannt wird:

> *„Hauptmann von Martersteig, wenn Sie gestatten, aus Magdeburg, Joachim, darum nennen mich die komischen Leute hier Don Joaquin."*
> *„Vigoleis mit Vogel-f, aus Süchteln am Niederrhein, wenn ich so frei sein darf."*
> *Wir verbeugten uns gegenseitig, sehr steif, der Hauptmann aus Gründen, die später deutlich werden, ich aus einer an sich grundlosen Rückfälligkeit in die Kinderkrankheit des deutschen Michels.*
> *„Vigoleis? Und Vogel-f? Was bedeutet das? Sie führen einen romantischen Namen, wenn ich Sie recht verstanden habe, wohl ein Verwandter jenes Ritters von der Artusrunde, der mit dem Rade auf dem Helm, le Chevalier à la roue, Wigalois? Minnesang, 13. Jahrhundert, ich besitze die Benecke-Ausgabe; eigentümlich, höchst merkwürdig, mein Herr mit dem Vogel-f!"*

> *Der weiß Bescheid, dachte ich, ein Hauptmann mit germanistischer Bildung, da muss man aufpassen. Wenn das Militär gelehrt wird, ist es doppelt gefährlich. Preuße obendrein, wo ich nur Musspreuße bin. Doch zum Glück war der Hauptmann in Zivil, das milderte den Standesdünkel. Vorwerkadel, nichts Bedeutendes.*
>
> *„Verwandt", so gab ich Auskunft auf die literarisch-gothaische Frage, „artverwandt, ja, das bin ich schon mit der Gravenbergschen Gestalt", – verschwieg aber, dass ich das Rad, welches mein Namensvetter als Helmzier auf dem Kopfe trug, im Kopf selbst hatte, wo es sich zuweilen so rasch dreht, dass mir schwindlig wird (...).* [3]

Bereits in dieser kurzen Textpassage fällt eine weitere Eigenart des Romans auf: die beißende Ironie. Sie wird durchgängig durchgehalten und prägt damit den humorigen Tonfall des gesamten Textes. Personen und Begebenheiten werden ironisch wiedergegeben, überdies mit Spott und Hohn und zuweilen Zynismus bedacht. Darüber hinaus überlappen sich munter Bericht und Kommentierung, Reflexionen und Lebensweisheiten. So entsteht ein buntes Gemisch von Erzählhaltungen, deren Klammer die stets präsente Ironie bleibt.

Inhaltlich hat Thelen viel zu erzählen, sogar ausufernd viel. Per Schiff reisen Vigoleis und seine Frau nach Mallorca. Am Hafen werden sie von Beatrice´ Bruder abgeholt, der sie unter Vorspiegelung falscher Tatsachen hergelockt hatte. Er bringt das Paar zunächst in einer engen Wohnung unter, die er mit seiner Gefährtin teilt, einer Prostituierten. Die Ankömmlinge lernen das Milieu der Unterschicht in all seinen Facetten kennen. Als sich Vigoleis in einen handgreiflichen Streit zwischen der Prostituierten und ihrer unehelichen Tochter einmischt, gehen plötzlich beide Frauen auf ihn los und werfen ihn gewaltsam aus der Wohnung. Vigoleis und seine Frau wechseln nun mehrfach die Unterkünfte. Sie haben Mühe, sich finanziell über Wasser zu halten. Zeitweise fungiert Vigoleis als Fremdenführer für deutsche Touristen. Dass er dabei als „Führer" angesprochen wird, verleitet den Ich-Erzähler zu einer unterschwelligen Parallelziehung mit dem politischen „Führer" im Deutschen Reich: Ebenso wie Vigoleis wegen seiner mangelnden Sachkenntnis die Geführten hinters Licht führt, so liest man zwischen den Zeilen, tut dies auch der scheinbar große „Führer" in Berlin. Im Laufe der fünf Jahre auf Mallorca lernen Vigoleis und Beatrice Menschen ganz unterschiedlichen Schlages kennen, Emigranten, Nationalsozialisten, Intellektuelle, Kaufleute, Künstler, Unterweltler, sodass ein Panoptikum prallen Lebens am Vorabend des spanischen Bürgerkrieges entsteht. Es ist dann dieser ausbrechende Krieg, der Vigoleis und seine Frau von der Insel forttreibt und weitere Flucht in ein anderes Exil nehmen lässt. Damit endet der Roman.

Die inhaltliche Position des Ich-Erzählers ist die eines Anarchen. Vigoleis macht sich mit keinem politischen System gemein, verachtet die Vaterlandsliebe und hält sich möglichst von Menschen fern. Sein Blick auf die Welt ist analytisch. Nur ungern greift er ins Geschehen ein. Sogar der Selbstmord bleibt als Gedankenspiel präsent. Am liebsten sitzt Vigoleis zu Hause und schreibt. Einen „Stubenhocker" nennt er sich selbst. Seine Existenz erfüllt sich in Literatur.

Möchte man für diesen kapitalen Roman literarhistorische Vergleiche suchen, so fühlt man sich vielleicht an den klassischen Romancier Jean Paul erinnert. Dieser schrieb zu Beginn des 19. Jahrhunderts dickleibige Romane in steter Ironie. Kein Satz bei Jean Paul ist ernst gemeint, alles Formulieren glänzt durch ironische Wendungen. Ähnlich verhält es sich bei Thelen. Auf der Suche nach weiterer Verwandtschaft fiele einem auch der Zeitgenosse Günter Grass ein. Dessen barock anmutende Fabulierlust findet sich in ähnlicher Weise auch bei Thelen, der beim Erzählen Assoziationen und Vergleiche anhäuft. Das sind mögliche Analogien. Möglich auch, die überschäumenden Satzkaskaden als typisch rheinischen Tonfall zu identifizieren. Die Überschlagung des Erzählten „vom Hundertsten ins Tausendste" wird speziell den Niederrheinern gerne nachgesagt. Die wissenschaftliche Forschung hat in der Struktur des Romans Parallelen zum Don Quichote entdeckt, aber auch die Picaro-Tradition im Roman untersucht.

Zunächst feierte Thelen mit seinem Insel-Roman durchaus einen Erfolg. Er durfte auf einer Tagung der legendären Gruppe 47 lesen, der Vereinigung von jungen Nachkriegsdichtern, zu denen auch Grass, Böll, Günter Eich und Walter Jens gehörten. Dort musste er sich von Gruppen-Chef Hans Werner Richter aber vorhalten lassen, seine Sprache sei typisch für Emigranten, was den Autor kränkte. Immerhin erhielt er 1954 den Fontane-Preis. Auch Kulturjournalisten besuchten ihn zuweilen an seinen Wohnorten. Doch der Erfolg war nicht nachhaltig. Einer breiten Öffentlichkeit blieb der Name Albert Vigoleis Thelen unbekannt.

Das mag daran liegen, dass Thelen dem Insel-Roman kein bedeutenderes Erzählwerk folgen ließ. Ein zweiter Roman mit dem Titel „Der schwarze Herr Bahßetup" erschien 1956. Darin taucht wieder Vigoleis auf, diesmal als Sekretär eines schwarzhäutigen Professors, dem er in Amsterdam als Dolmetscher assistiert. Doch der recht handlungsarme Roman, vollgepackt mit Assoziationen und Reflexionen, fand nicht mehr die Anerkennung des Erstlings. Eine geplante Fortsetzung des Insel-Romans ist nie erschienen, obgleich Thelen aus fertig gestellten Passagen zuweilen vorgetragen hat. Von kleineren Arbeiten abgesehen ist Thelen als Erzähler verstummt.

Bis zum Erscheinen des Insel-Romans 1953 war Thelen vor allem als Übersetzer niederländischer und portugiesischer Literatur hervorgetreten. Von Mallorca aus hatte er in den 30er Jahren für eine niederländische Zeitschrift deutsche Exilliteratur rezensiert. Die erste Veröffentlichung mit eigenen Werken erschien 1942 in Zürich: ein Gedichtband, benannt nach seinem Exilort in Portugal: „Schloss Pascoaes". Weitere Gedichtbände werden folgen.

Die Gedichte erinnern zum Teil an expressionistischen Stil, sind schwermütig und greifen auf starke, kontrastreiche Wortbilder zurück. In dem Gedichtband „Vigolotria", der 1954 in Düsseldorf erschien, knüpft Thelen an die schwarzen Humoristen Ringelnatz und Kästner an, was der Titel bereits ahnen lässt. Aus dem Band stammt das folgende Gedicht, das sprachlich nicht zu seinen besten gehört, aber eine Lebenshaltung ausdrückt, die auch in Thelens Insel-Roman anklingt:

> *Das Leben hängt mir zum Halse heraus,*
> *doch der Tod noch nicht mir herein.*
> *Das führt zu Verkrampfung tagein und -aus*
> *mit zyklopischer Seelenpein.*
>
> *Was kann man da machen? Die Augen zu*
> *und getan, als wäre man tot?*
> *Ein Strick um den Hals gäbe endlich Ruh,*
> *oder Arsenik aufs Butterbrot?*
>
> *Ach Kinder, mit Strick und Giftmischerei*
> *hab ich schlechte Erfahrung gemacht.*
> *Mein Fall ist verloren, denn vogelfrei*
> *bin ich dem Leben zugedacht.*[4]

Zwar blieb Albert Vigoleis Thelen stets seinem Wesen als weltabgewandter „Stubenhocker" treu. Zu seinen Marotten zählte die Eigenart, seinen Schreibtisch mit gesammelten und teils selbst gefertigten Kuriositäten zu verzieren. Doch pflegte er neben persönlichen Freundschaften und Geselligkeiten auch eine reiche Korrespondenz. Rund 15.000 Briefe sind von ihm erhalten, geschrieben in fünf Sprachen. Auch Postkarten und Briefe an die eigene Familie in Deutschland, an Mutter und Bruder, befinden sich im Nachlass.

Im Alter stellten sich noch Ehrungen ein: 1985 erhielt der eigenwillige Schriftsteller das Bundesverdienstkreuz, nachdem er ein Jahr zuvor Professor ehrenhalber des Landes Nordrhein-Westfalen geworden war. Seine Heimatstadt Viersen verlieh ihm den Ehrenring der Stadt.

Anmerkungen:

(1) Brief Thomas Manns an Thelen vom 17.12.1953

(2) Thelen, Albert Vigoleis: Die Insel des zweitens Gesichts, S. 51, a.a.O.

(3) Ebda, S. 173f.

(4) Thelen, Albert Vigoleis: Vigolotria, Eugen Diederichs, Düsseldorf 1954.

Literatur:

Thelen, Albert Vigoleis: Vigolotria, Eugen Diederichs, Düsseldorf 1954.

Thelen, Albert Vigoleis: Die Insel des zweiten Gesichts, Claassen-Verlag, Düsseldorf 1992.

Faure, Ulrich und Jürgen Pütz (Hrsg.): Albert Vigoleis Thelen. Meine Heimat bin ich selbst, Briefe 1929-1953; Dumont-Verlag, Köln 2010.

Pütz, Jürgen: Doppelgänger seiner selbst. Der Erzähler Albert Vigoleis Thelen, Edition Lithaus, Berlin 2006.

Schröder, Lothar: Vigoleis – ein Wiedergänger Don Quijotes, Grupello, Düsseldorf 2007.

Staudacher, Cornelia: Albert Vigoleis Thelen, Wanderer ohne Ziel, ein Porträt, Arche Verlag, Zürich-Hamburg 2003.

www.vigoleis.de

Kempen

THOMAS A KEMPIS (1379/80-1471)
UND SEIN WELTBESTSELLER DER INNERLICHKEIT

Die Bibel ist bekanntlich das Buch der Bücher. Aber welches geistliche Buch gilt nach der Bibel als das in der Welt meist verbreitetste? Es ist die „Nachfolge Christi" aus dem Jahre 1473. Ein Andachtswerk des niederrheinischen Mystikers und Mönchs Thomas a Kempis. Gedruckt auch heute noch in hohen Auflagen, und zwar auf allen fünf Kontinenten, in unzähligen Sprachen. Der Namenszusatz des Autors weist somit die internationale Christenheit auf seine Geburtsstadt Kempen am Niederrhein hin.

Ursprünglich verfasste Thomas „De imitatione Christi", so der lateinische Originaltitel, wohl als Unterrichtswerk für die Novizen seines Klosters. Begonnen hat er die Schrift bereits 1420. Im Laufe der Jahre kamen weitere Schriften hinzu, sodass im Ergebnis das gesamte Werk aus vier Büchern besteht.

Es handelt sich nicht um einen fortlaufenden Text, sondern um eine Sammlung von kontemplativen Gedanken, selbstreflexiven Fragen, Sinnsprüchen und Lebensweisheiten. Sie geben Impulse für eigenes Nachdenken, dienen der Anregung zur Reflexion und weisen Wege für ein innerlich erfülltes Leben im Sinne Jesu. Dass von diesen Sinngebungen auch heute noch Faszination ausgeht, belegen die Äußerungen bekannter Persönlichkeiten der Zeitgeschichte. So schreibt beispielsweise der Philosoph Ludwig Marcuse in den 60er Jahren: „De imitatione Christi (...) löst Konflikte, aus denen jeder herauskommen möchte. Es polemisiert nicht nur gegen kompliziertes Wissen, auch gegen die Überschätzung jeden Könnens außer dem einzigen, das Thomas für wichtig hielt: der Kunst, mit sich ins Reine zu kommen." [1]

Thomas plädiert in seinem Buch für ein Leben in innerer Zuwendung zu Gott. Die Unterscheidung zwischen dem geistlichen Kern des Lebens und den vergänglichen Gütern lässt den Leser das wirklich Bedeutsame seines Lebens erkennen. Diese Erkenntnis vermittelt letztlich seelische Zufriedenheit und wahres Glück. So heißt es gleich zu Beginn des ersten Buches bei Thomas:

> *Wer sich wahrhaft erkennt, der hält sich selbst für gering und kann keine Freude daran haben, dass ihn die Menschen loben.*
>
> *Hätte ich die Wissenschaft aller Dinge in der Welt und fehlte mir nur das eine, die Liebe: was nützte mir all dies Wissen vor Gott, der mich nach meinem Tun richten wird?* [2]

Das erste Buch ist überschrieben: „Ratschläge zu einem geistlichen Leben"; das zweite: „Mahnungen zu einem Leben der Innerlichkeit"; das dritte Buch heißt: „Vom inneren Troste" und das vierte: „Vom heiligen Sakrament". Die Titel geben schon einen zutreffenden Einblick in die Stoßrichtung und den Gehalt der Texte. Nicht nur in der katholischen Welt, auch in der evangelischen Kirche wird Thomas sehr geschätzt. Allerdings lassen evangelische Herausgeber das vierte Buch über die Sakramente aus nahe liegenden Gründen gern weg. Bedeutsam auch für den Nichtchristen ist der Ansatz, den Thomas verfolgt: er befasst sich mit dem einzelnen Menschen und seinem seelischen Zustand. Das Glücksversprechen des Lebens ist ihm eine Folge des mentalen Ausgleichs

Fragt man nach dem Herkommen des Grundgedankens, so verweist die theologische Forschung auf die Erneuerungsbewegung „Devotio moderna". Auf Deutsch bedeutet der Name etwa: moderne Frömmigkeit. Sie wurde um das Jahr 1380 von dem späteren Wanderprediger Geert Groote ins Leben gerufen. Groote war Niederländer, geboren in Deventer. Sein Wirkungskreis reichte bis nach Köln und Aachen, wo er studiert hatte; auch er also im weiteren Sinne ein Sohn des Rheinlandes. Groote war enttäuscht von der Kirche. Ihr Reichtum, das protzige Auftreten des Klerus und die Verweltlichung ließen ihn an den Verhältnissen verzweifeln. Er entschloss sich, seinen eigenen Wohlstand aufzugeben und als fahrender Prediger die Menschen zu einer neuen Innerlichkeit aufzurufen. Er ließ sich zum Diakon weihen, aber nicht zum Priester, weil er sich mit dem Klerus nicht gemein machen wollte. Seine Gedanken der äußeren Armut und des inneren Reichtums stießen auf große Resonanz. Denn viele Christen waren überzeugt, dass sich die Kirche im Sinne der Bescheidenheit und Demut erneuern müsse, um den Weg zu Gott zu finden. So gründeten sich auf Grootes Impulse hin auch Gemeinschaften der „Brüder bzw. Schwestern vom gemeinsamen Leben", die in Arbeit und Gebet einen neuen Lebenssinn suchten. Bald schon breitete sich die Erneuerungsbewegung aus, fand viele Anhänger, erfasste auch Gelehrte, die in ihrem Sinn Schriften veröffentlichten. Auch Thomas von Kempen war von den Gedanken der Bewegung tief beeindruckt. Von Kempen war er zu Studienzwecken nach Deventer aufgebrochen, dem Ausgangsort der Groote-Bewegung. Später verfasste Thomas eine Biographie Geert Grootes. Ebenso die Klöster, die sein Bruder Johannes gründete, standen im Zeichen der Erneuerung der Kirche.

Insofern ist die „Nachfolge Christi" auch ein literarisches Dokument der Devotio moderna. Die Thesen, die Thomas darin äußert, sind nicht unbedingt seine originären Gedanken. Das ist im Mittelalter auch nicht gefragt. Die Vorstellung vom Autor als einer autonomen Persönlichkeit kommt erst in der Neuzeit auf. Das Mittelalter stellt den einzelnen Autor in den Dienst der Sache, er tritt hinter dem gemeinsamen Anliegen zurück. Bis in unsere Zeit hinein ebbt die Diskussion nicht ab, ob Thomas überhaupt der „wahre" Autor der „Nachfolge Christi" ist; ob er vielleicht nur Teile davon geschrieben habe oder eventuell sogar gar nichts, sondern lediglich fremde Texte als eine Art Redakteur zusammengefügt habe. Diese Vermutungen gehen aber an der Bewertung des Mittelalters vorbei. In einer Zeit, in der es kein Urheberrecht gibt, in der der einzelne Schriftgelehrte hinter seinem Gegenstand zurücktritt, bleiben die in späteren Epochen aufgeworfenen Fragen ohne Widerhall. Auch die erste Druckausgabe 1473 erschien ohne Nennung des Autornamens. Zweifellos war Thomas an der „Nachfolge Christi" maßgeblich beteiligt; sei es als alleiniger Autor oder als Mitautor. Die Gedanken aber, die er darin niederlegt, lagen zu seiner Zeit „in der Luft".

Diese Gedanken der Erneuerung der Kirche haben später besonders im Protestantismus zu der Frage geführt, inwieweit Thomas zu den Reformatoren der Kirche gezählt werden kann. Ist er gar ein Vorläufer Martin Luthers? Luther selber müsste sein Werk eigentlich gekannt haben, obgleich es dafür keinen Nachweis gibt. Offenkundig ist aber der gleiche Ansatz bei Thomas und dem ein Jahrhundert später agierenden Luther: beide wollten den Menschen von innen heraus erneuern. Bei Luther ist daraus die Reformation entstanden. Durch die Kirchenspaltung geht Luther als Reformator in die Geschichte ein. Thomas hingegen bleibt ein Reformer innerhalb der Kirche. Dennoch schätzt auch die evangelische Kirche Thomas hoch ein. Zwar nicht als

Vorläufer Luthers, aber doch als Denker, der maßgebliche Ansätze zur Besinnung des Christentums auf seine ursprünglichen Werte verfolgte. Besonders der Pietismus fühlte sich Thomas geistig verbunden. Dies ist eine Bewegung der Innerlichkeit, die im 17. Jahrhundert im Rahmen des Protestantismus entstand und große Wirkungen auf die Literaturgeschichte ausübte. In der katholischen Kirche wurden mehrere Versuche unternommen, Thomas selig sprechen zu lassen. Sie führten aber bislang nicht zum Ergebnis.

In Kempen hat das Mittelalter deutliche Spuren hinterlassen. Wer vom Bahnhof aus in die City strebt, passiert die kurkölnische Burg. Von außen ist sie schön anzusehen, trotz der vielen Zerstörungen und Umbauten, die das ehrwürdige Monument seit seiner Fertigstellung im Jahre 1400 erfahren musste. Zur Zeit der Niederschrift dieses Textes ist hinter seinen dicken Mauern noch das Kempener Stadtarchiv untergebracht. Derzeit werden aber andere Nutzungsmöglichkeiten für die Zukunft diskutiert. Die Burg mit ihren drei Türmen liegt etwas versetzt vom Kern der Altstadt, die ihrerseits von einer Ringstraße begrenzt wird, deren Wegführung im Mittelalter einen Schutzwall markierte. Auch Reste der historischen Stadtmauer sind noch vorhanden.

Schräg gegenüber der Burg liegt das ehemalige Franziskanerkloster, heute als Kulturforum genutzt. Darin befindet sich neben dem städtischen Kramer-Museum (benannt nach seinem Gründer) ein niederrheinisches Sakralmuseum. Eingerichtet ist es in der ehemaligen Paterskirche des Klosters und birgt Monstranzen, Kelche und Kirchenschmuck aus verschiedenen Zeiten. An der Wand hängt auch ein Gemälde, das Thomas von Kempen zeigt. Zwei Bücher sind der Figur im Mönchsgewand zugeordnet. Sie kennzeichnen den Gelehrten als Leser und Autor.

Nur wenige Gehminuten weiter erreicht der Besucher das Zentrum von Alt-Kempen. Dessen Mitte bildet die romanisch-gotische Pfarrkirche St. Marien. Rund um diesen städtebaulichen Anker gruppieren sich die modernen Geschäftsstraßen in betont altdeutschem Charakter. Die Rondellstruktur geht auf die Anlage der Stadt im Mittelalter zurück. Sie erlaubt es Touristen wie Einheimischen, ihre Shopping- und Besichtigungstouren als gemütlichen Rundgang zu absolvieren. Und zwar in aller Ruhe. Denn für Autos ist die City gesperrt. Aber Parkplätze befinden sich in unmittelbarer Nähe. Dafür sorgen zwei befahrbare Tangenten, die die City in respektvollem Abstand durchziehen und genügend Stellplätze bieten.

Auf dem Kirchplatz von St. Marien steht das große Thomas-Denkmal. Der Meister hält in der einen Hand einen Stift, als Zeichen seiner Autorschaft, und in der anderen sein berühmtestes Werk. Im Jahre 1901 ist das überlebensgroße Denkmal vom damaligen Thomas-Verein an diesem Platz aufgestellt worden. Der Standort wurde nicht zufällig gewählt. Schräg hinter dem Denkmal stand im Ausgang des 14. Jahrhunderts das Elternhaus von Thomas Hemmerken, des späteren Thomas a Kempis. In den Monaten um die Jahreswende 1379 und 1380 ist er dort geboren. Das Geburtshaus steht heute nicht mehr. Doch der Brunnen, aus dem die Familie schöpfte, hat sich im Jahre 1969 wieder auffinden lassen. Er befindet sich heute aufgemauert im Keller des inzwischen an diesem Platz liegenden Wohnhauses. An der Fassade des Privathauses ist eine Plakette angebracht, die an den berühmten Sohn der Stadt erinnert. Ihm verdankt Kempen den Beinamen „Thomasstadt".

In Kempen lebte Thomas, bis er im Alter von etwa 13 Jahren zur theologischen Ausbildung ins nahe gelegene Deventer und später als Mönch nach Zwolle ging. Heute liegen beide Städte auf niederländischem Gebiet. Aufzeichnungen über das Leben des jungen Thomas in seiner Vaterstadt gibt es keine. Bekannt ist lediglich, dass sein Vater ein durchaus wohlhabender Mann gewesen sein muss; wahrscheinlich Handwerker mit einigem Privatbesitz. Von seiner Mutter ist überliefert, dass sie Kinder unterrichtet habe. Wahrscheinlich war sie Lehrerin an der Elementarschule, die auch Thomas besucht haben dürfte, bevor er in die Lateinschule wechselte. Seine Herkunft ist also durchaus „bildungsbürgerlich" geprägt. Ein Umstand, der auf den späteren Autor von über 30 theologischen Büchern sicherlich nicht ohne Einfluss geblieben ist.

Rund 15 Jahre älter als Thomas war sein Bruder Johannes. Er war bereits Prior im Kloster zu Zwolle, als Thomas dort eintrat. Wahrscheinlich hat er Thomas zur mönchischen Lebensform inspiriert. Johannes war ein überaus umtriebiger und tatkräftiger Mönch. Er gründete immerhin acht Klöster. Thomas hingegen wird in der Überlieferung eher als stiller Buchgelehrter wahrgenommen. Er schrieb mehrfach die Bibel ab (was vor Erfindung des Buchdrucks das übliche Verfahren zur Multiplikation von Schriften war). Doch auch Thomas brachte es im Kloster zu Ansehen und verantwortungsvollen Positionen. So war er für die Ausbildung der Novizen zuständig und wurde zweimal zum Subprior ernannt.

Im Kempener Kulturforum, in einem separierten Raum, befindet sich seit 1987 ein kleines Thomas-Archiv; eingerichtet von Stadt, Kirche und einer Stiftung. Es ist im Gegensatz zu den beiden Museen nur donnerstags nachmittags geöffnet, birgt aber wahre Schätze der Erinnerung an Thomas a Kempis. Herzstück des Archivs sind die beiden schweren Stahlschränke. Darin lagern eine Vielzahl von Buchausgaben der „Nachfolge Christi" und anderer Schriften von Thomas. Die

Sammlung vermittelt einen Eindruck von der zeitlichen und geografischen Verbreitung seines Werks:

Die ältesten Ausgaben stammen aus dem Spätmittelalter. Manche sind noch in Handschrift verfasst. Eine besonders wertvolle Ausgabe stammt aus der Zeit des französischen „Sonnenkönigs" Ludwig XIV: Die „Nachfolge Christi" war das erste Buch, das 1640 in der damals neu gegründeten königlichen Druckerei im Pariser Louvre gedruckt wurde. Manche Ausgaben sind groß und schwer wie Folianten, andere winzig klein, gedacht als Andachtshilfe für die Tasche. Die mittelalterlichen und barocken Ausgaben sind oft farbig koloriert, im Geschmack der Buchkunst der Zeit. Aber auch moderne Ausgaben sind im Archiv vorhanden.

Die „Nachfolge Christi" verbreitete sich im Laufe der Jahrhunderte über den ganzen Erdball. Missionare und Reisende brachten das Buch in alle Teile der Welt. Besonders in Amerika ist Thomas bis heute weit verbreitet. Insofern konnte das Archiv auch Ausgaben ankaufen, die in fremden Sprachen verfasst sind: Eine arabische Ausgabe wurde in Beirut gedruckt, eine andere ist in Kreolisch verfasst; ebenso findet sich ein schottischer Druck in gälischer Sprache.

Einige andere, meist weniger bedeutende Erinnerungsstücke sind über die Stadt verstreut. So in der Pfarrkirche St. Marien: Über eine schmale Wendeltreppe, die aber in der Regel verschlossen ist, erreicht der Besucher die so genannte Thomas-Kapelle. Dort befindet sich ein Thomas-Gemälde aus dem 17. Jahrhundert. Gegenüber in der ebenso kleinen Michaelskapelle ist ein modern gestaltetes Fensterbild aus den 80er Jahren des vorigen Jahrhunderts zu sehen, das Jesus im Straßenanzug und in der Mitte Thomas abbildet. Natürlich mit Buch. Darüber hinaus ist Thomas auch in einem weiteren Glasfenster abgebildet, das in den 30er Jahren entstand und gleich neben dem Haupteingang der

Pfarrkirche zu finden ist. Es hat die Leiden Christi zum Thema und Thomas wurde wohl in das Panorama aufgenommen, weil er sich mit dem Leiden Jesu besonders beschäftigt hat. Authentisch ist das Taufbecken der Kirche aus romanischer Zeit. Wahrscheinlich wurde auch Thomas hier getauft.

In Kempen hat Thomas wie gesagt nur bis zu seinem 13. Lebensjahr gewohnt. Dieses Alter ist für mittelalterliche Verhältnisse ein durchaus normaler Zeitpunkt, um als künftiger Akademiker das Elternhaus zu verlassen. Thomas´ Eltern sind nur wenige Jahre danach verstorben. Thomas verstirbt 1471 im Alter von 91 Jahren im Kloster Agnetenberg zu Zwolle. Wer auf seiner Reise einen Abstecher dorthin macht, findet weitere Zeugnisse des Thomas a Kempis. In einem bunt bemalten Reliquienschrein in der Basilika Unserer lieben Frau in Zwolle ruhen seine Gebeine. Im 17. Jahrhundert waren sie gehoben und in den Schrein gegeben worden. Auf dem Agnetenberg, wo Thomas in dem dortigen Kloster die meiste Zeit seines Lebens verbrachte, steht ein Denkmal. Durch die gemeinsame Erinnerungskultur wurde Thomas auch zu einer Klammer zwischen seiner deutschen Geburtsstadt Kempen und seiner niederländischen Heimatstadt Zwolle. Zu seinen Lebzeiten galt die Region sowieso als kulturelle Einheit.

Anmerkungen:

(1) Marcuse, Ludwig: Nachwort zu: Thomas a Kempis, Die Nachfolge Christi, Diogenes, Zürich 1986, S. 173ff (zitiert nach: Gisbert Kranz: Thomas von Kempen, a.a.O.)

(2) Thomas a Kempis, Nachfolge Christi, S.11, a.a.O.

Literatur:

Thomas a Kempis: Nachfolge Christi, Thomas-Verlag, Kempen 1956.

Bodemann-Kornhaas, Ulrike: „… ein grosser, edler, thewrer schatz ligt inn diesem kleinen buechlin begraben". Die einzigartige Verbreitungsgeschichte der Nachfolge Christi des Thomas von Kempen, Choros, Kempen 2006.

Janowski, Hans Norbert (Hrsg.): Geert Groote, Thomas von Kempen und die Devotio moderna, Walter Verlag, Olten 1978.

Kranz, Gisbert: Thomas von Kempen – der stille Reformer vom Niederrhein, Verlagsgemeinschaft topos plus, Kevelaer 2012.

www.thomas-archiv.de

www.thomas-von-kempen.de

Bedburg-Hau

SCHLOSS MOYLAND

IM FADENKREUZ VON POLITIK UND LITERATUR

Schloss Moyland liegt in den grünen niederrheinischen Auen zwischen Kleve und Kalkar. Umgeben ist die 700 Jahre alte Wasserburg mit ihren vier romantischen Türmen von einem großzügigen Park, der mit Freiluftkunstwerken bestückt ist. Denn die Verbindung von Kunst und Natur gehört zum Konzept des heutigen Museums. Lagert hier doch die weltweit größte Sammlung des Avantgarde-Künstlers Joseph Beuys, dessen Kunst eine enge Beziehung zur Natur unterhielt, nicht zuletzt zur niederrheinischen Landschaft. Schließlich war der gebürtige Krefelder in der Klever Gegend aufgewachsen. So kam es auch, dass der heimische Kunstsammler van der Grinten, der mit Beuys befreundet war, schon früh dessen Werke sammelte und schließlich im Museum Schloss Moyland der Öffentlichkeit zugänglich machte. Heute befinden sich im Museum neben der Beuys-Sammlung und vielen weiteren Kunstwerken der Moderne noch das Beuys-Archiv sowie die größte Kunstbibliothek am Niederrhein.

Literaturhistorisch ist das Schloss ebenfalls von Interesse. Denn hier traf im Jahre 1740 der bedeutendste Philosoph und Schriftsteller seiner Zeit, der Franzose Voltaire, auf den damals jungen Preußenkönig Friedrich II., zu dieser Zeit auch Besitzer der Burg. Bereits seit 1736 stand Friedrich, der fließend Französisch sprach und schrieb, mit Voltaire im Briefwechsel. Der damalige Thronfolger war selbst ein philosophierender Schöngeist. Der Hauptgrund, weshalb er mit seinem Vater, dem martialisch gesinnten „Soldatenkönig" Friedrich Wilhelm I., in ständigem Konflikt lebte. Den Franzosen verehrte der unverstandene Prinz umso mehr. Engagierte sich Voltaire doch für die Aufklärung, kämpfte mit den Waffen des Wortes gegen staatliche und kirchliche Willkür. Auf seiner Agenda standen die Achtung der Menschenwürde und die Freiheit des Denkens. Kronprinz Friedrich bewunderte ihn dafür, denn seine eigenen Gedanken gingen in die gleiche Richtung. Immerhin verfasste der Jüngling den so genannten „Anti-Machiavell", eine Schrift, in der er den absoluten Machtanspruch des Herrschers, wie der berühmte Renaissance-Denker Machiavelli ihn formuliert und gefordert hatte, scharf zurückwies. Voltaire wird später die Schrift redigieren und in den Druck geben.

Obwohl Friedrich und Voltaire drei Jahre Briefe wechselten, hatten sie sich noch nie persönlich gesehen. Als Friedrich nach dem Tod seines Vaters 1740 den preußischen Thron bestiegen hatte, lud er kurz darauf Voltaire auf Schloss Moyland ein. Das lag auf seiner Wegstrecke, da er im September aus politischen Gründen eine Reise an den Niederrhein antrat. Friedrich kam auf Moyland krank an. Als Voltaire eintraf, lag der König mit Fieber im Bett. Der Franzose gab guten Rat zur Genesung, die sich auch schnell einstellte. Voltaire hatte das Manuskript seines neuen Theaterstücks „Mahomet" mitgebracht, aus dem er dem König vorlas (Später hat Goethe das Stück ins Deutsche übersetzt). Die beiden prominenten Gäste spazierten durch den Park und sprachen über Literatur und Philosophie. Die persönliche Begegnung auf Schloss Moyland war der Beginn einer lebenslangen, wenn auch nicht unproblematischen Freundschaft.

Voltaire besuchte Friedrich später in Berlin und Potsdam, gastierte dort sogar zwei Jahre lang, und auch der Briefwechsel wurde bis zum Tode Voltaires 1778 fortgeführt. Doch gestaltete sich die Freundschaft nicht konfliktfrei. Zwischen den Freunden stand der zentrale Gegensatz von Moral und Macht. Denn Friedrich sah sich als Theoretiker zwar der Aufklärung verpflichtet; immerhin stand er für Religionsfreiheit, schaffte in Preußen die Folter ab und definierte sich als Diener seines Staates. Doch schon bald nach der ersten Begegnung mit Voltaire auf Moyland entpuppte sich der junge König als brutaler Machtpolitiker. Voltaire war entsetzt, dass Friedrich den Krieg um Schlesien vom Zaun brach. Der König führte noch weitere Kriege, um den Staat Preußen zu saturieren, ganz im Sinne seines verstorbenen Vaters. Voltaire, der anfangs in Friedrich einen neuen Typ Herrscher gesehen hatte, war tief enttäuscht. Sein Gedanke, auf Schloss Moyland einen philosophischen Musenhof zu errichten, versandete.

Die erste Begegnung auf Schloss Moyland und die daraus resultierende Beziehung zwischen Voltaire und Friedrich ist von zwei Schriftstellern unserer Zeit als Novellenstoff aufgegriffen worden:

Im Jahre 2012 brachte der Schriftsteller Hans Joachim Schädlich die Novelle „Sire, ich eile" heraus, die bei Lesern und Kritik auf großes Interesse stieß. Schädlich wurde 1935 im Vogtland geboren und lebte bis zu seiner Ausbürgerung 1977 in der DDR, wo er aufgrund seiner kritischen Schriften zunehmender staatlicher Pression ausgesetzt war. In der Bundesrepublik veröffentlichte er 1986 den Roman „Tallhover", der sich mit dem Spitzelwesen durch die deutsche Geschichte hindurch befasst. Die Figur des Spitzels Tallhover griff später Günter Grass für seinen Roman „Ein weites Feld" auf. In „Sire, ich eile" nimmt sich Schädlich wieder des Gegensatzes von Geist und Macht an, diesmal am Beispiel der Beziehung zwischen Voltaire und Friedrich. Scharf arbeitet Schädlich die Enttäuschung Voltaires über Friedrichs Geistvergessenheit und Machtpolitik heraus. Sicherlich ist das Interesse gerade an diesem Konflikt auch in Schädlichs Biografie begründet.

Die Moyland-Episode leitet Schädlich durch die Vorgeschichten ein. Auf Seiten Friedrichs sind es seine Jahre auf dem Schloss in Rheinsberg, das der Vater ihm geschenkt hatte:

> *Friedrich, Kronprinz, vertrieb sich die Wartezeit in Rheinsberg mit Philosophieren, Versifizieren, Musizieren, Korrespondieren, Komponieren.* [1]

Voltaire hat ebenfalls auf einem Schloss Wohnung genommen, in Cirey nahe der Grenze zu Lothringen. Denn der staatskritische Dichter, der schon zweimal im Gefängnis saß, muss ständig mit Verfolgung rechnen. Auf dem Schloss lebt er mit seiner anderweitig verheirateten Herzensdame Émilie zusammen, einer Intellektuellen, die sich – ungewöhnlich für eine Frau dieser Zeit – wissenschaftlich betätigt:

> *Voltaire und Émilie schrieben gemeinsam Élements de la philosophie de Newton; das Buch erschien 1738 unter Voltaires Namen, aber im Vorwort hob er Émilies Anteil hervor* [2].

Schädlich widmet der Person Émilies in der Novelle große Aufmerksamkeit. Reminiszenz an die Vorurteilsfreiheit Voltaires.

Schon bald reißt der Erzähler Friedrich die schöngeistige Maske vom Gesicht:

> *Allerdings hatte Voltaire sich geirrt, als er glaubte, Friedrich sei nur deshalb in sein rheinisches Herzogtum Kleve gereist, um ihn zu treffen.* [3]

Der wahre Grund liegt im Aufstand einer kleinen Gemeinde bei Lüttich, die sich dem preußischen Herrschaftsanspruch widersetzt. Friedrich lässt die Erhebung mit Soldatengewalt brechen. Die Gegenüberstellung der zwei Gesichter Friedrichs evoziert den größeren Grundkonflikt der Novelle: der wahre Aufklärer Voltaire auf der einen Seite, der durchtriebene Machtmensch Friedrich auf der anderen.

Schädlich hält sich eng an die historischen Begebenheiten. Schon aus diesem Grund heraus ist die Lektüre der Novelle aufschlussreich. Geradezu fesselnd wirkt der Sprachstil. Schädlich bevorzugt knappe Aussagesätze, die dem Leser viel Raum für Gefühle eröffnen. Ängste und Nöte des geschilderten Personals stehen deutlich zwischen den Zeilen, aber ebenso die Empörung des Erzählers über die Vergewaltigung der Moral. Es ist bedeutende Poesie, die sich auf den rund 140 Seiten der Novelle offenbart.

Während Hans Joachim Schädlich die Moyland-Episode nur zum Ausgangspunkt seiner Novelle auf wenigen Seiten ansetzt und dann die Geschichte der beiden Männer Voltaire und Friedrich bis ins Jahr 1754 weiter verfolgt, konzentriert sich ein anderer moderner Autor zur Gänze auf das Moyland-Treffen: Schon im Jahre 1943 hatte der regional bekannte Schriftsteller Otto Brües das Thema in einer Novelle mit dem Titel „Schloss Moyland" verarbeitet.

Otto Brües ist 1897 in Krefeld geboren und dort im Jahre 1967 auch verstorben. Sein Werk umfasst Romane, Novellen, Memoiren, Essays und Gedichte. Der ehemalige Feuilletonist der früheren Kölnischen Zeitung schrieb in einem gediegenen, etwas altertümlichen Stil, der wohl vor allem ein bürgerliches Publikum ansprach. Obwohl Brües in seinem Todesjahr noch die Ehrenbürgerwürde seiner Heimatstadt Krefeld erhielt, hat sich die Stadt in jüngster Zeit von seiner „Linientreue" während des Nationalsozialismus öffentlich distanziert. Seine

Themen schöpfte Brües vielfach aus der Geschichte. Dies ist durchaus typisch für die Literatur der 30er und 40er Jahre im Sinne einer „inneren Emigration". Brües ehemaliges Wohnhaus in Krefeld an der Gutenbergstraße ist heute zum Niederrheinischen Literaturhaus umgewidmet. Dort finden Lesungen, Ausstellungen und Literaturseminare statt. Überdies hat dort der Verein „Literatur in Krefeld" seinen Sitz, der sich u.a. der Pflege der rheinländischen Literatur widmet.

Die Moyland-Novelle von Otto Brües wurde 2017 durch den Literaturverein in schöner Aufmachung neu aufgelegt. Der Text ist mit einigen Gouachen des Künstlers Jochen Stücke versehen, der als Professor an der Hochschule Niederrhein unterrichtet. Stücke hatte sich von der Novelle zu einem ganzen Zyklus von Motiven über das historische Treffen Voltaires mit Friedrich anregen lassen. Den Bildern, die den widersprüchlichen Geist der historischen Persönlichkeiten und ihrer Zeit in zuweilen surrealer Form hervorheben, widmete das Museum Schloss Moyland im Jahre 2017 eine große Ausstellung.

Otto Brües interessiert sich in seiner Novelle weniger für die äußeren Umstände des Treffens, als für die psychologische Entwicklung Friedrichs: Als der junge König auf Schloss Moyland krank und fiebernd im Bett liegt, erscheint ihm im Spiegel das Ebenbild des verstorbenen Vaters:

> *Nun stand Friedrich vor dem Spiegel und hielt die Kerze hoch über sich, beugte sich langsam nieder, gewillt, das innerste Licht zu schauen. Plötzlich ließ er die Kerze fallen und schrie*[4].

Auch Brües thematisiert die Doppelnatur Friedrichs, vor der er seine Figur sich erschrecken lässt, und führt sie auf das Trauma durch eine Erziehung im Schatten des Vaters zurück.

Großen Raum widmet Brües zudem der Lesung Voltaires aus seinem Stück „Mahomet". Den Inhalt der Tragödie erzählt Brües ausführlich nach. Das hat künstlerische Gründe. Voltaires Theaterstück war 1741 uraufgeführt und ein Jahr später vom Spielplan abgesetzt worden. Gut zehn Jahre lang blieb es in Frankreich verboten. Wendet es sich doch gegen religiösen Fanatismus und die Tyrannei der Herrscher. In seiner Novelle spiegelt Brües in dem wiedergegebenen Theaterstück die Problematik der Beziehung zwischen dem Schöngeist Voltaire und dem Machtpolitiker Friedrich.

Die Sprache von Brües ist sehr feinsinnig. Geschwungene Sätze mit vielen Verschachtelungen herrschen vor. Sie umspielen geradezu eine präzise psychologische Studie über die charakterliche Beziehung zweier Persönlichkeiten. Die Erzählung ist durchaus mit Gewinn zu lesen.

Das Schloss Moyland blieb übrigens nicht lange im Besitz der preußischen Könige. Friedrich übergab die Burg 1766 an die niederländische Familie von Steengracht. Die Nachkommen der Familie brachten das Schloss 1990 in die Stiftung Museum Schloss Moyland ein. Sie wurde zusammen mit den Brüdern van der Grinten, die ihre Kunstsammlung beisteuerten und dem Land Nordrhein-Westfalen, das die Finanzierung sichert, gegründet. Seit 1997 ist das Schloss als Museum für moderne Kunst geöffnet. Am Eingang zum Schloss ist eine Wolfsfigur aus Bronze angebracht. Sie soll an Voltaire erinnern, den bissigen Aufklärer, und an sein historisches Zusammentreffen mit dem Preußenkönig Friedrich am 11. September 1740.

Anmerkungen:

(1) Hans Joachim Schädlich: Sire, ich eile, S. 28, a.a.O.

(2) Ebda, S.26

(3) Ebda, S.49

(4) Otto Brües: Schloss Moyland, S. 19, a.a.O.

Literatur:

Brües, Otto: Schloss Moyland, Novelle, Literatur in Krefeld e.V., Krefeld 2017.

Schädlich, Hans Joachim: Sire, ich eile. Novelle, Rowohlt, Reinbek bei Hamburg 2012.

Kunisch, Johannes: Friedrich der Große – Der König und seine Zeit, C.H. Beck, München 2004, S. 72ff.

www.moyland.de

www.literatur-in-krefeld.de

Xanten

EIN ANONYMUS (UM 1200)
UND DAS NIBELUNGENLIED

Siegfried ist *der* Held der deutschen Literatur- und Geistesgeschichte. Seine einzigartige Stellung im kollektiven Volksbewusstsein verdankt er seiner zentralen Rolle im ersten Teil des Nibelungenliedes. Dieses gewaltige Epos aus dem 12. Jahrhundert ist heute das berühmteste Werk mittelalterlicher Literatur. Sein Nachhall reicht bis in die Popularkultur der Gegenwart. Verortet wird Siegfried in Xanten; der Stadt am Niederrhein, die durch ein einmalig erhaltenes Römerlager mit Amphitheater weit über die Region hinaus bekannt ist. Nach dem Text des Nibelungenliedes war Siegfried der Sohn des Königs der Niederlande mit Stammsitz in Xanten. So heißt es im Epos, verfasst in Mittelhochdeutsch, der Literatursprache des hohen Mittelalters:

> *Dô wuohs in Niderlanden   eins edelen küneges kint*
> *des vater der hiez Sigemunt   sîn muoter Sigelint*
> *in einer rîchen bürge   wîten wol bekannt*
> *nidene bî dem Rîne   diu was ze Sánten genant.*
> *Sîvrit was geheizen   der snelle degen guot.* [1]

In der Übertragung in unser aktuelles Deutsch bedeuten die Verse:

> *In den Niederlanden wuchs ein Königssohn heran. Sein Vater hieß Siegesmund, seine Mutter Siegelinde. Sie lebten*

in einer mächtigen Burg namens Xanten. Diese lag am Niederrhein und war weithin bekannt. Der vortreffliche, tapfere Held hieß Siegfried.

Das Nibelungenlied und seine Verbreitung

Der erste Teil des Nibelungenliedes breitet in über 1100 Versen die atemberaubende Geschichte des Siegfried aus:

Der Prinz zieht durch die Lande auf der Suche nach Abenteuern. Im Land des Stammes der Nibelungen wird er gebeten, die Aufteilung eines sagenhaften Schatzes zwischen zwei königlichen Brüdern vorzunehmen. Als die Aufteilung misslingt, kommt es zum Kampf. Siegfried besiegt beide Brüder und tötet Hunderte ihrer Gefährten. Ebenso bezwingt er den Zwerg Alberich, der ihm seinen Tarnmantel übergeben und in Siegfrieds Auftrag den Schatz, den Nibelungenhort, bewachen muss. In einem weiteren Kampf erschlägt Siegfried einen Drachen und badet in dessen Blut. Dabei allerdings legt sich durch den Wind getrieben ein Blatt zwischen seine Schultern. Das Bad im Blut bewirkt, dass Siegfried eine Hornhaut bekommt und unverletzbar wird. Nur die Stelle, an der das Blatt anlag, ist weiterhin verwundbar. Ein Umstand, der Siegfried später das Leben kosten wird. In Xanten wird Siegfried im Rahmen eines siebentägigen, prächtigen Festes zum Ritter geschlagen. Der Vater bietet ihm das Königreich an. Siegfried verzichtet aber, solange die Eltern noch leben. Stattdessen will er um die schöne Kriemhild werben, die Schwester des Königs der Burgunden. Ihr Hof liegt in Worms an Rhein. Dorthin macht sich Siegfried mit seinen Gefährten auf und wird auf Seiten der Burgunder in einen Krieg mit den Sachsen verwickelt. Der Xantener erweist sich auch hierbei als tragender Held und gewinnt die Zuneigung des Königs und seiner Schwester Kriemhild, die eigentlich nie heiraten wollte, weil sie das mit der Liebe verbundene Leid scheute. König Gunther verspricht Siegfried, ihm seine Schwester zur Frau zu geben, falls er ihm bei seiner eigenen Brautwerbung um Brünhild erfolgreich unterstützt. Brünhild ist eine sagenhafte Königin im fernen Island. Sie pflegt ihre Brautwerber zu töten, wenn diese sich in verschiedenen Zweikämpfen mit ihr als nicht ebenbürtig erweisen. Bisher hat sie noch niemand erobern können. Siegfried schlüpft unter den Tarnmantel und besteht als unsichtbarer Mitstreiter alle Wettkämpfe im Namen von Gunther, der als Held dasteht, ohne die Leistungen selber erbracht zu haben. Er kann Brünhild als seine Frau nach Worms holen. Doch auch in der Hochzeitsnacht muss Siegfried unter dem Tarnmantel seinem Freund beistehen, weil sich die übermächtig starke Brünhild dem Ehemann verweigert. Dabei nimmt er den Gürtel an sich, den Brünhild abgelegt hat. Siegfried und Kriemhild heiraten und ziehen nach Xanten. Nach Jahren laden Gunther und Brünhild das Xantener Paar nach Worms ein. Dabei kommt es zu einem Streit zwischen Brünhild und Kriemhild. Die beiden Königinnen können sich nicht einigen, wer als erster die Kirche betreten darf. Brünhild beleidigt Siegfried als Vasall ihren Mannes, worauf Kriemhild mit dem verlorenen Gürtel beweist, dass Brünhild ihre Hochzeitsnacht nicht mit ihrem Ehemann, sondern mit Siegfried verbracht hat. Brünhild fordert daraufhin von ihrem Mann den Kopf Siegfrieds. Unter einem Vorwand lässt sich der Vasall König Gunthers, Hagen von Tronje, von Kriemhild die Körperstelle zeigen, wo Siegfried verwundbar ist. Angeblich, um Siegfried zu schützen. In Wahrheit lockt er Siegfried in eine Falle und ersticht ihn. Brünhild ist zufrieden, Kriemhild brennt vor Leid und Rache.

Damit ist der Siegfried-Teil des Nibelungenliedes beendet. Im zweiten Teil des Epos (über 2300 Verse) heiratet Kriemhild den Hunnenkönig Etzel, lockt aus Rache ihren Bruder mit seinem Hofstaat in eine Falle und lässt den gesamten Tross von den Kriegern ihres Mannes erschlagen. Am Ende des Gemetzels bleiben nur König Gunther und Hagen übrig. Kriemhild erschlägt ihren Bruder persönlich und schließlich auch Hagen, der ihr nicht verraten will, wo er den Nibelungenschatz im Rhein versenkt hat. Aus Entsetzen über diese Mordtaten an ihren Verwandten erschlägt ein Ritter des Hunnenhofes auch Kriemhild. Damit sind alle Beteiligten tot und der Stamm der Burgunder vom Wormser Hof ist erloschen. An die Geschichte schließt sich eine reflektierende Klage über die Geschehnisse an.

Die Geschichte war im Mittelalter überaus beliebt. Denn sie verbindet Abenteuer, Schicksale, Märchen und Mythos sowie Geschichte miteinander. Vor allem aber spiegelt sie tiefe menschliche Abgründe und ihre Folgen. Habgier, Neid, Dünkel, Übermut, Intrige, Machtstreben, Hinterlist, Liebesleid sowie Rache bilden die Hintergründe der sich abzeichnenden Tragödie. Nicht zuletzt beeindruckte das zeitgenössische Publikum die höfische Lebensart, die dem Werk seinen Stempel aufdrückt. Die Figuren sind bei aller Brutalität der Kämpfe stets mutig bis zur Tollkühnheit, von edler Selbstwahrnehmung und achten auf ihre Ehre. Sie folgen einem Verhaltenskodex, der im hohen Mittelalter an den Höfen der Herrscher als vorbildlich galt.

Die Beliebtheit des Epos lässt sich an der Zahl der überlieferten Handschriften ablesen. Vom 13. bis 16. Jahrhundert sind der Nachwelt 37 Handschriften und Fragmente erhalten geblieben. Das ist vergleichsweise viel. Lesen konnten das Epos nur die Schriftkundigen. Meist wurden die Verse vorgesungen, wohl begleitet von den Klängen einer Laute.

Das Siegfried-Museum zu Xanten

Wie sich ein solcher Vortrag angehört haben mag, können die Besucher des Siegfried-Museums in Xanten nachvollziehen. Dort erklingt von einem Tonband die imitierte Vortragsweise der mittelalterlichen Sänger. Den Text können sie anhand einer Vergrößerung der Handschrift C mitverfolgen, der heute weithin maßgeblichen Schriftvariante. Ein Faksimile der Originalhandschrift C ist zudem in einer Vitrine ausgestellt. Sie vermittelt einen Eindruck von der Buchkunst des hohen Mittelalters.

Das Xantener Museum ist zu einem Teil stilgerecht in dem alten Gemäuer einer mittelalterlichen Burg- und Wehranlage eingerichtet. Die nackten groben Steine im langen Gang des Kellergeschosses stimmen auf den Gang in die Geschichte ein. Auf Stelen, die mit mittelalterlichen Szenenbildern aus den Buchausgaben versehen sind, wird der Fortgang der Nibelungenstory leicht fassbar nacherzählt.

Die Wirkungsgeschichte

Einen großen Teil der Ausstellung widmet das Museum der wechselvollen Wirkungsgeschichte des Nibelungenliedes. Sie erstreckt sich bis in unsere Gegenwart hinein.

Nach seinem Siegeszug im Mittelalter versandete im 16. Jahrhundert das allgemeine Interesse an dem Epos. Das lag zum einen am Buchdruck, der die Handschriften nicht mehr umsetzte, aber vor allem am Untergang der höfischen Ritterwelt. Die anbrechende Neuzeit fand sich in den ritterlichen Ritualen des Nibelungentextes nicht mehr wieder. Jahrhunderte lang schlummerten die Handschriften weitgehend unbeachtet in verstaubten Bibliotheken.

Erst die Romantik-Bewegung im 19. Jahrhundert entdeckte sie wieder. Das lag an der neuen Mittelalter-Begeisterung der Romantiker. Die Generation junger Intellektueller nach 1800 erblickte im Mittelalter ein Vorbild. In ihren Augen spiegelte das Mittelalter eine geistige und religiöse Einheit wieder, die sie verloren glaubten. Zudem hatte die Generation begonnen, sich auf die Wurzeln der deutschen Geschichte zu besinnen. Bisher galt die Antike, also die Geschichte der alten Griechen und Römer, als Vorbild in Kunst und Geistesleben. Überdies befand sich Deutschland zu Beginn des 19. Jahrhunderts in einem nationalen Gefühlsüberschwang. Napoleon hatte 1806 mit seinen Truppen Deutschland erobert, das alte Reich zerschlagen und sich die deutschen Fürsten untertan gemacht. Vor allem die akademische Jugend drang auf eine militärische Erhebung zur Befreiung des Vaterlandes. In dieser geistigen Situation fiel die Wiederentdeckung des Nibelungenliedes auf fruchtbaren Resonanzboden. Zwar hatte früher schon, im Jahre 1782, ein aufgeweckter Literaturfreund das Nibelungenlied neu herausgegeben und es Friedrich dem Großen gewidmet. Doch der „Alte Fritz", noch ganz der alten Geisteswelt verbunden, hielt das Epos für literarisch wertlos. Jetzt aber, in der neuen Epoche der Romantik, nahm das Werk einen ungeahnten Aufschwung. Die Romantiker waren begeistert von Heldenhaftigkeit, Kampfeswille und Edelmut der Nibelungen-Recken. Vor allem Siegfried fand als strahlender und tragischer Held neue Anerkennung. Die Zeit sah im Epos wohl eine Bekräftigung der eigenen Identität, die in Folge der Besetzung durch die Franzosen so gelitten hatte. Das Xantener Museum hat davon anschauliche Zeugnisse zeitgenössischer Buchausgaben und Bilder gesammelt, die in einem eigenen Saal hinter Glas ausgestellt werden.

Ein Höhepunkt der Nibelungen-Rezeption erfolgte Jahrzehnte später, als die romantische Bewegung im engeren Sinne längst vorbei war. Der Dramatiker Friedrich Hebbel legte 1861 ein zweiteiliges Theaterstück mit einem Vorspiel vor. Die beiden Fünfakter „Siegfrieds Tod" und „Kriemhilds Rache" halten sich stofflich ziemlich eng an die mittelalterliche Vorlage, geben der Geschichte aber psychologische und geistige Akzente im Stil der Zeit. Die drei Stücke wurden an den Theatern enorme Erfolge. Sie werden bis heute gerne gespielt.

Richard Wagner, im gleichen Jahr wie Hebbel geboren, schuf das gigantische Opernwerk „Der Ring des Nibelungen". Doch berief er sich weniger auf die literarische Vorlage als auf den zugrunde liegenden Mythos.

Im Zuge der Nibelungen-Begeisterung wurden Siegfried-Motive in der Popularkultur immer beliebter. Sogar Bismarck wurde gern als Siegfried dargestellt. Siegfried und die Nibelungen gerieten zu Ikonen des Nationalismus. Das Xantener Museum weist auch auf die negative Seite dieser Ikonographie hin: Die Nationalsozialisten unter Hitler bemächtigten sich des Siegfried-Mythos im Sinne ihrer schaurigen Eroberungs- und Mordpläne. Trotz der gewissen kritischen Distanz, die sich nach dem Zweiten Weltkrieg durch diese Vereinnahmung eröffnet hatte, erfreut sich das Nibelungenlied bis in die Gegenwart hinein vieler Buchausgaben, Hörspiele und Verfilmungen. Die Nibelungen-Festspiele in Worms genießen Kultstatus. Bis heute gilt der Name Siegfried als Personifikation von Stärke, Mut und Draufgängertum.

Der Dichter und seine Stoffquelle

Das Xantener Museum beantwortet auch die Frage, woher der Nibelungen-Stoff eigentlich stammt. Diese Geschichte, die zurückreicht bis in die Zeit der Völkerwanderung, ist überaus spannend.

Der Dichter des Nibelungenliedes blieb anonym. Anders als manch andere mittelalterliche Autoren hat er sich im Text nicht verewigt. Der Grund dürfte in dem Umstand zu suchen sein, dass er die Geschichte nicht erfunden hat. Sie geht vielmehr auf Sagen zurück, die er um das

Jahr 1200 in seinem Epos schriftlich zusammengefügt und ausgearbeitet hat. Dabei geht er allerdings mit hoher künstlerischer Kompetenz vor. Die Verse sind gereimt, sie gehorchen einer festgelegten Rhythmik, und die Motive der Dichtung sind geschickt verzahnt. Die Forschung vermutet anhand genauer Textanalysen einen Autor aus dem Raum um Passau. Er stand wahrscheinlich in Diensten des Bischofs Wolfger von Passau, der ein Freund der Literatur war und 1218 gestorben ist.

Der unbekannte Autor greift für seine Dichtung auf zwei Sagenkreise zurück, die über Jahrhunderte mündlich überliefert worden waren. Der eine Sagenkreis hat die Figur des Drachentöters Siegfried zum Thema, der andere den Untergang der Burgunden. Diese Sagen wurden nicht nur im Raum des heutigen Deutschland von Generation zu Generation weitererzählt. Auch die skandinavische Edda-Dichtung aus dem 13. Jahrhundert greift auf diesen Sagenkreis zurück. Darin tritt das gleiche Personal wie im Nibelungenlied auf, nur dass Siegfried dort Sigurd heißt. Auch die zentralen Motive sind ähnlich, wenn sich der Verlauf der Handlung in den Einzelheiten auch vom Nibelungenlied unterscheidet. Entstanden sind die Sagen vermutlich in der Zeit der Völkerwanderung und der späten Römerzeit. Die Forschung geht davon aus, dass sich bestimmte Elemente der Sagen auf reale Ereignisse in der Geschichte der Germanen zurückführen lassen.

So soll der Untergang der Wormser Burgunden im zweiten Teil des Nibelungenliedes eine verheerende Kriegsniederlage des Stammes der Burgunden widerspiegeln, die dieser im Jahre 436 gegen die Römer und ihre hunnischen Hilfstruppen erlitt. Die Burgunden siedelten damals tatsächlich in der Gegend um Worms und auch ihr König trug einen ähnlichen Namen wie Gunther im Nibelungenlied. Die Reste des Stammes wurden nach der vernichtenden Niederlage von den Römern zwangsweise in ein anderes Gebiet umgesiedelt.

Auf wackligeren Beinen steht die Vermutung, dass die Figur der übermächtig starken und grausamen Königin Brünhilde auf die westgotische Königstochter Brunichilchis zurückgeht, obgleich die Parallelen zum Nibelungenlied verblüffend sind. Brunichilchis trieb ihren Ehemann Sigibert in einen Krieg gegen seinen eigenen Bruder, weil dieser ihre Schwester hatte ermorden lassen, um seine Geliebte Fredegunde heiraten zu können. Am Beginn des Konfliktes stand also wie im Nibelungenlied der Hass zweier Frauen. Am Ende waren die Könige tot und auch Brunichilchis wurde hingerichtet. Das war im Jahre 612.

Auch für andere Personen des Nibelungenliedes wurden historische Vorbilder ausgemacht. Beweisen lassen sich diese Vermutungen allerdings nicht. Am interessantesten ist die Suche nach einem historischen Vorbild für Siegfried, den zentralen Helden. Die Forschung hat nach einer Person gesucht, die eine große Ausstrahlung gehabt haben müsste, um sich in der Sagengestalt des Siegfried manifestieren zu können. Ins Blickfeld rückte Arminius, der im Jahre 9 den Römern in der berühmten Schlacht im Teutoburger Wald eine vernichtende Niederlage beifügte, dadurch Germanien vor dem Einfall der Römer bewahrte und als „Hermann der Cherusker" in die deutsche Geschichte einging. Der „Lindwurm" der römischen Legionen könnte Vorbild für den Drachenkampf Siegfrieds gewesen sein.

Ein Kandidat ist auch der germanische Gott Balder, der nach der Legende ebenso wie Siegfried unverwundbar war, jedoch mit der einzigen Waffe, der er nicht widerstehen konnte, durch die List einer Frau durchbohrt wurde - ebenfalls wie Siegfried.

Nicht zuletzt bietet sich der Heilige Viktor an. Der Märtyrer wurde Ende des 3. Jahrhunderts im Raum Xanten wegen seines christlichen Glaubens grausam ermordet. Nach der Volkslegende hat die Heilige Helena, Mutter des römischen Kaisers Konstantin, seine Gebeine bestattet und über dem Grab eine Kapelle errichtet. Im Laufe der Jahrhunderte wurde die Kapelle zum heutigen Xantener Dom erweitert. Zudem trägt Viktor die Silbe „Sieg" in seinem lateinischen Namen: Viktor = der Sieger.

So auffallend die jeweiligen Parallelen zur Siegfried-Figur auch sein mögen, bei jedem der Anwärter äußern die Forscher Zweifel an der Schlüssigkeit der Theorien. Mit einer gewissen Wahrscheinlichkeit laufen in der Siegfried-Figur verschiedene Stränge unterschiedlicher Herkunft zusammen und überlappen sich. Die Fantasie der Erzähler tut ein Übriges.

Die Schauplätze

Ebenso verhält es sich mit den Ortsangaben. Das Xantener Museum listet auf einer Wandkarte anschaulich auf, an welchen Orten das Nibelungenlied spielt. Sie liegen alle an Rhein und Donau. Worms ist die Heimat der Burgunder, was auch realhistorisch belegt ist. Die Burg, in der die Burgunder den Tod finden, wird in der Nähe von Budapest im ehemaligen Gebiet der Hunnen lokalisiert. Kriemhild heiratet ihren zweiten Ehemann Etzel, den sie später zum Überfall auf die Burgunden aufstachelt, in Wien. Den Mord an Siegfried begeht Hagen laut der Angaben im Epos bei der Stadt Lorsch. Den Nibelungenschatz versenkt er ganz in der Nähe, bei Lochheim. In unseren Tagen übrigens haben private Schatzsucher mit modernstem Gerät nach dem Hort gefahndet. Doch gefunden hat ihn keiner, weder im Wasser des Rheins, noch in den umliegenden Feldern, über die vor der

Zeit der Rhein sein Wasser führte. Xanten ist im Epos als Herkunftsort Siegfrieds benannt. Einen Beleg in der Realhistorie gibt es für diese Ortsangabe aber nicht.

Deshalb ist vor allem für die Xantener und ihre Gäste die Frage von Bedeutung, wie ihre Stadt Eingang in das Nibelungenlied gefunden hat. Eine mögliche Verbindung wurde in den Beziehungen gesehen, die das Xantener Stift im Mittelalter nach Bayern unterhielt, da der Autor des Nibelungenliedes vermutlich Bayer war. Demzufolge hätte er die Heimat seiner Siegfried-Figur ziemlich willkürlich nach Xanten verlegt. Andere Vermutungen greifen historisch tiefer. Zur Römerzeit war Xanten unter seinem ursprünglichen Namen Colonia Ulpia Traiana die zweitgrößte Stadt am Niederrhein nach Köln und beherbergte den größten Militärstandort der Region (Ein Umstand, dem das heutige Xanten in Form des Archäologischen Parks seine bedeutendste Touristenattraktion verdankt). Diese Historie wird Xanten auch im Mittelalter, als das Nibelungenlied entstand, eine gewisse Bedeutung erhalten haben. Darüber hinaus war Xanten der Siedlungsort des germanischen Stammes der Sugambrer, der später im Großstamm der Franken aufgegangen ist. Da Siegfried in den Volkssagen gerne als Franke dargestellt wird, wäre es denkbar, dass Xanten vom Dichter ganz gezielt ausgewählt wurde, um seinen mystischen Helden im realen Herkunftsort der Franken glaubwürdig anzusiedeln.

Touristische Hinweise

Wer heute Xanten besucht und seine Geschichte näher erkunden möchte, sei noch auf das Stifts-Museum verwiesen. Es liegt nur einen Steinwurf vom Siegfried-Museum entfernt, mitten in der City gleich neben dem Dom. Hier erfährt der Besucher neben der Historie des Dombaus vor allem die Herkunft der Namensgebung. Diese hängt mit dem Schicksal des Heiligen Viktor zusammen. Nachdem seine Gebeine und die Gebeine seiner Gefährten am Platz des heutigen Doms bestattet worden waren, nannte sich der Ort auf lateinisch „ad sanctos" (= bei den Heiligen). Aus der lateinischen Ortsbezeichnung wurde der deutsche Name Xanten.

Xantens touristische Hauptattraktion ist der Archäologische Park. Das ist ein weitläufiges Gelände, auf dem die Reste des riesigen römischen Militärlagers zu sehen und zu begehen sind; einschließlich eines großen, erhalten gebliebenen Amphitheaters. Ergänzt werden die originalen Hinterlassenschaften durch ein multimedial eingerichtetes Römermuseum. Darin finden vor allem Kinder die Möglichkeit, sich die römische Welt durch Mitmachaktionen anschaulich zu erschließen. Der Archäologische Park ist weithin bekannt und macht Xanten zur einzigartigen Touristenstadt. Gleich hinter dem Römergelände erstrecken sich am Ufer des Rheins zwei Freizeitseen, die für alle Arten des Wassersports genutzt werden. Diese weiträumige Anlage trägt vor allem im Sommer zur weiteren Steigerung der Attraktivität Xantens bei.

Das Siegfried-Museum in der Innenstadt ist 2004 eröffnet worden. Damit erwies die Stadt ihrem zweiten touristischen Standbein die Referenz. Nicht umsonst nennt sich Xanten neben der „Römer-Stadt" auch die „Siegfried-Stadt".

Wie Siegfried im Epos sollte der Nibelungen-Interessent auch die Stadt Worms besuchen, den ehemaligen Sitz der Burgunder. Dort ist ebenfalls ein Nibelungen-Museum eingerichtet, das den Besucher über die Geschichte und Wirkung des Nibelungenmythos informiert.

Mit Worms und Xanten bieten genau die beiden Rheinstädte Nibelungen-Museen auf, die die beiden ursprünglichen Teile des Sagenkreises repräsentieren, die Siegfried- und die Burgunder-Geschichte.

Das Nibelungenlied führt sie auf künstlerisch überzeugende Weise zusammen. Der unbekannte Dichter hat die Sagen aus der Zeit der Völkerwanderung nur zur Grundlage seines Werkes genommen. Sein Epos atmet vielmehr das Lebensgefühl des Adels zu seiner eigenen Zeit, des hohen Mittelalters. Vor den Augen des heutigen Lesers erhebt sich die merkwürdige Mentalität einer fremden Welt, die aber dennoch vertraut anmutet, weil in dieser fernen Zeit die Wurzeln unserer Kultur liegen. Auch heute noch, gut 800 Jahre nach der Niederschrift, ist die Lektüre des Nibelungenliedes ein literarisches Vergnügen. Aktuelle Buchausgaben gibt es genug. Sie sind in der Regel mit gut lesbaren Übertragungen in unser heutiges Deutsch versehen.

Anmerkungen:

Das Nibelungenlied, 2. Aventiure, hrsg. v. Helmut de Boor, S. 7, a.a.O.

Literatur:

Das Nibelungenlied, hrsg.v. Helmut de Boor, Brockhaus, Wiesbaden 1979.

Das Nibelungenlied, Mittelhochdeutscher Text und Übertragung, 2 Bde, hrsg.v. Helmut Brackert, Fischer TB, Frankfurt a.M. 2003.

Heinzle, Joachim: Die Nibelungen – Lied und Sage, Primus-Verlag, Darmstadt 2012.

Miedema, Nine R.: Einführung in das Nibelungenlied, Wissenschaftliche Buchgesellschaft, Darmstadt 2011.

Reichmann, Christoph: Siegfried und die Nibelungen, Edition Archaea, Schwelm 2013.

Siegfried-Museum Xanten: www.siegfriedmuseum-xanten.de

Stifts-Museum Xanten: www.stiftsmuseum-xanten.de

Nibelungen-Museum Worms: www.nibelungenmuseum.de

Kleve

JOHANN WOLFGANG GOETHE (1749-1832)
UND SEIN NACHRUF AUF JOHANNA SEBUS

Wie kommt ein Dichter zu seinem Sujet? In den Werken Goethes taucht ein bestimmter Frauentyp öfter auf. Die berühmteste Szene aus seinem Erstlingsroman „Die Leiden des jungen Werthers" von 1774 zeigt die junge Lotte, wie sie einer Schar kleinerer Geschwister die Brote schneidet, da sie in der Familie die Rolle der verstorbenen Mutter wahr nimmt. Der sie verehrende Werther betritt in diesem Moment die Stube und das Bild der fürsorgenden Ersatzmutter, das sich ihm bietet, lässt ihn dahin schmelzen. Diese Kernszene, in der populären Werther-Rezeption immer wieder in Gemälden und Zeichnungen festgehalten, ist eine literarische Adaption der realen Begegnung des 23-jährigen Goethe mit der geliebten Charlotte Buff im hessischen Wetzlar des Jahres 1773. Die Verbindung von Anmut und Verantwortung dürfte es gewesen sein, die Goethe an das Mädchen fesselte.

Auch seine spätere Ehefrau Christiane Vulpius, mit der er als Staatsminister im thüringischen Weimar 17 Jahre ohne Trauschein zusammenlebte, fiel ihm durch Anmut und zupackenden Fleiß auf. Die junge Frau arbeitete als Näherin in einer Fabrik, um Eltern und Geschwister zu unterstützen, erwies sich später als tüchtige Wirtschafterin in Goethes Haus und schützte ihren Lebensgefährten beim Einmarsch napoleonischer Truppen in Weimar 1806 vor marodierenden

Soldaten. Bis zur anschließenden Heirat galt Christiane als gesellschaftlich nicht ebenbürtig und musste vor der adeligen Hofgesellschaft versteckt werden. Aber Goethe hielt die Zweisamkeit aufrecht und widmete der Frau seines Lebens eines seiner später bekanntesten Gedichte: „Gefunden"; eine verschlüsselte Erklärung seiner Liebe.

Ob es die Affinität zu diesem Typus Frau war, dieser zupackenden Anmutigkeit, die Goethe so spontan über die Niederrheinerin Johanna Sebus (1791-1809) schreiben ließ? Immerhin fällt auf, dass er den Stoff spontan aufgriff, als dieser ihm 1809 von einer Bekannten nahe gelegt wurde. Die Ballade, die er schuf, zählt zu seinen schönsten und wurde mehrfach vertont. Dem Gedicht voran stellte Goethe ein kurzes Vorwort, das seine tiefe Bewunderung für die Titelheldin ausdrückt; ein Gefühl, das er mit seinen Zeitgenossen teilte. Der Vorspruch lautet:

Zum Angedenken der siebzehnjährigen Schönen Guten aus dem Dorf Brienen, die am 13. Januar 1809 bei dem Eisgange des Rheins und dem großen Bruche des Dammes von Cleverham Hülfe reichend unterging.

Das Vorwort umreißt den Inhalt der Ballade, der sich mit den historischen Ereignissen des Januartages im Jahre 1809 deckt: Die 17-jährige Johanna Sebus rettet bei einer Jahrhundertflut, die die Rheindeiche bei Kleve brechen lässt, zunächst ihre Mutter, mit der sie in einem Haushalt lebt. Nachdem sie die kranke Mutter in Sicherheit auf trockenen Boden gebracht hat, kehrt das mutige Mädchen trotz des Risikos in den überschwemmten Bereich zurück, um auch die Nachbarin mit ihren Kindern zu holen. Der Rettungsversuch scheitert. Die Nachbarn und Johanna Sebus selbst fallen den Wassermassen zum Opfer.

Goethes Ballade hat fünf Strophen unterschiedlicher Länge. Jede Strophe wird durch zwei hervorgehobene Verse eingeleitet, die jeweils den Stand der Gefahr bzw. des Hochwassers angeben. In der ersten Strophe heißt es: *Der Damm zerreißt, das Feld erbraust, / Die Fluten spülen, die Fläche saust.* Die zweite Strophe beginnt mit einer Steigerung der Dramatik: *Der Damm zerschmilzt....* In der dritten Strophe schlagen die Wellen bereits über: *Der Damm verschwindet....* In der vierten ist der Damm dann schon Vergangenheit: *Der Damm verschwand...* Und die letzte Strophe vollendet die Katastrophe: *Kein Damm, kein Feld!* Von Strophe zu Strophe steigert Goethe das Grauen, entsprechend des Anschwellens der Wassermassen. Analog wird aus dem erbrausenden Feld erst die erbrausende Welle, dann ein erbrausendes Meer und schließlich: *kein Feld.*

Eine innere Dramatik erhält die Ballade durch viel wörtliche Rede in der ersten und zweiten Strophe. So steigt der Dichter gleich zu Beginn in die Geschichte ein, indem er Johanna rufen lässt:

> 'Ich trage dich, Mutter, durch die Flut,
> Noch reicht sie nicht hoch, ich wate gut.'

Wie in einem Theatertext erfolgt gleich darauf der Hilferuf der Nachbarin:

> 'Auch uns bedenke, bedrängt wie wir sind,
> Die Hausgenossin, drei arme Kind!'

Der Wechsel der personalen Reden spiegelt die Hektik des Geschehens wider. Das Gedicht gewinnt Farbe und Anschaulichkeit. In den weiteren Strophen, als die Entscheidungen getroffen sind, geht der Dichter zur erzählenden Form über.

Bemerkenswert ist zudem die Anrede seiner Titelheldin. Nie gibt der Dichter den Namen „Johanna" an. Sie heißt im Gedicht immer wieder „*Schön Suschen*", und auch in der kurzen Vorrede wird sie als die „*Schöne Gute*" benannt. „Schön" dürfte nicht im Sinne körperlicher Vorzüge gemeint sein, sondern ist eine Entsprechung des klassischen

Ideals einer seelischen Schönheit im Sinne von Anmut, Ergebenheit in die Pflicht und Tatkraft. Somit löst sich Goethe auch von der Einzelperson Johanna und ihrem Schicksal. Statt dessen führt er an Johannas Beispiel exemplarisch vor, zu welchen Leistungen das Gute im Menschen fähig ist. Dies wird sogar vom Himmel anerkannt, worauf die betont dezente Darstellung von Johannas Tod schließen lässt, die in deutlicher Entspannung zur anfänglichen Dramatik steht:

> *Noch einmal blickt sie zum Himmel hinauf,*
> *Da nehmen die schmeichelnden Fluten sie auf.*

Zwei Tage brauchte Goethe, um die Ballade fertig zu stellen. Dann sandte er sie an den Komponisten Carl Friedrich Zelter in Berlin, mit dem er eng befreundet war, damit dieser sie vertone. Goethes Ballade machte großen Eindruck. Beim Jahrgedächtnis ein Jahr nach Johannas Tod wurde sie in Kleve verlesen, Zelters Komposition einer Kantate beim zweiten Jahrgedächtnis gespielt.

Das historische Ereignis selbst trug sich in dem Dorf Brieden zu, das mit dem Nachbarflecken Wardhausen zur heutigen Kreisstadt Kleve zählt. Die Siedlungen liegen gleich hinter dem Deich, von wo aus der heutige Besucher einen großzügigen Überblick auf den Spoykanal hat, der den Klever Hafen mit dem Altrhein verbindet. Attraktion ist die denkmalgeschützte Schleuse im Kanal.

Gleich an der Schleuse, hinter dem Deich auf Wardhausener Gebiet, haben bereits die Zeitgenossen Johanna Sebus ein Denkmal gesetzt. Es handelt sich um eine mächtige Stele, die am oberen Ende rundbögig abschließt und ein Relief trägt. Es zeigt eine weiße Rose, die auf Wasser schwimmt. Umgeben ist das Relief von 12 weißen Sternen. Die weiße Rose ist eine Auszeichnung, die der französische Kaiser Napoleon für besonders tugendhafte Mädchen gestiftet hatte. Aufgestellt wurde die Stele im Jahre 1811, auf Anregung des damaligen Unterpräfekten in Kleve, einem Baron von Keverberg. Da die Region in dieser Zeit unter französischer Verwaltung stand – es war die Zeit der napoleonischen Eroberungskriege – fiel die Entscheidung zur Aufstellung der Stele in Paris. Deshalb trug der Stein auch eine Aufschrift in französischer Sprache. Erst 1953 wurde auf der Rückseite des Denkmals eine deutsche Übersetzung hinzugefügt. Ursprünglich stand die Stele separat an ihrem Platz hinter dem Deich. Heute hingegen ist sie Mittelpunkt eines kleinen Rondells, das mit Büschen und Bäumen bewachsen, mit Rasen versehen und durch einen Zaun mit Gitterpforte eingefasst ist. Ein beliebtes Ziel von Radfahrern, die bei der Gelegenheit auch die Schleuse besichtigen.

Das eigentliche Grab von Johanna Sebus liegt in der Kirche des benachbarten größeren Dorfes Rindern, das ebenfalls zu Kleve gehört. Es hat eine gewisse Berühmtheit erlangt, weil der Jahrhundertkünstler Joseph Beuys hier aufgewachsen ist. Ursprünglich war Johanna Sebus auf dem Friedhof von Rindern beigesetzt worden, nachdem ihr Leichnam drei Monate nach dem Unglück bei Rindern gefunden wurde. Im Jahre 1872 aber wurde eine neue Kirche gebaut, in die das Grab der Heldin dann Eingang fand. Heute erinnert ein Gedenkstein im Chorraum und eine Gedenktafel an der Außenseite des Südchores an die dramatischen Geschehnisse.

Literatur:

Goethe, Johann Wolfgang: Johanna Sebus; in: Goethe, Sämtliche Werke, Bd. 9, Münchner Ausgabe; hrg. v. Karl Richter, Hanser, München und Wien 1991, S. 28.

Briefwechsel zwischen Goethe und Zelter; in: Goethe, Sämtliche Werke, Bd. 20.1, Münchner Ausgabe, hrsg. v. Karl Richter, Hanser, München und Wien 1991, S. 211 ff.

www. rheinische-geschichte.lvr.de/persoenlichkeiten/S/Seiten/JohannaSebus.aspx

Kleve

KONRAD VON WÜRZBURG (CA. 1235-1287)
UND DER SCHWANRITTER

An der deutsch-niederländischen Grenze liegt die Kreisstadt Kleve. Ein großzügig angelegter Park, durchzogen von Wasserläufen, verweist heute noch auf die ehemalige Bedeutung der Stadt als Kurort; damals, als Kleve sich noch „Bad Cleve" nannte. Aus der Mitte des 19. Jahrhunderts stammt auch das dazugehörende Kurhaus, das seit den 90er Jahren als Kunstmuseum genutzt wird. Zu den bedeutendsten Teilen seiner Sammlung wird das ehemalige Atelier von Joseph Beuys gezählt, der hier am Niederrhein seine internationale Karriere begann.

Das Wahrzeichen der Stadt aber ist die Schwanenburg. Sie erhebt sich majestätisch und weit sichtbar auf einer Höhe über das Rheinufer. Heute dient sie dem Klever Amtsgericht als Behördensitz. Touristisch interessant ist der Turm. Er darf gegen ein geringes Entgelt bestiegen werden. Die Burg selber, deren früheste Teile um das Jahr 1000 entstanden sein dürften, führt ihren klangvollen Namen erst seit jüngerer Zeit. Der Turm hingegen wurde bereits seit seiner Entstehung im 15. Jahrhundert als Schwanenturm im Munde geführt. Nach einer zeitgenössischen Quelle soll sich auf seiner Spitze ein Wappenschild mit der Abbildung eines Schwans im Winde gedreht haben. Diese Tradition wird auch von der heutigen Bürgerschaft gern aufgenommen. Im Siegel der Stadt prangt ein Schwan über dem Stadtwappen. Im Internet und auf Werbeutensilien ist als eine Art Logo ebenfalls der Schwan abgebildet.

Die Aneignung des Wappentiers geht auf eine der schönsten Sagen des Mittelalters zurück. Sie handelt von der Ankunft eines unbekannten Ritters, der über den Fluss per Boot kommt, das von einem Schwan gezogen wird. Später heiratet der Ritter die Herrin des Landes. Nachdem diese verbotenerweise nach seiner Herkunft fragt, verschwindet der Ritter spurlos. Von dieser Sage, deren heute bekannteste Version die Lohengrin-Oper von Richard Wagner ist, wurden im Laufe der Jahrhunderte verschiedene Varianten aufgeschrieben. Einer der profiliertesten Dichter des hohen Mittelalters, Konrad von Würzburg (ca. 1235-1287), hat sie in die Verserzählung „Der Schwanritter" umgearbeitet und erstmals auf das Grafengeschlecht von Kleve bezogen.

Demnach zieht König Karl mit seinem Gefolge auf die Burg von Nimwegen und hält dort Gericht. Die Herzogin von Brabant hat gerade große Probleme: der Herzog von Sachsen überzieht ihr Land mit Krieg. Grund ist ein Erbstreit. Die Herzogin ist verwitwet und herrscht seit dem Tod ihres Mannes zusammen mit ihrer Tochter allein über das Land. Der Herzog von Sachsen ist der Bruder des Verstorbenen und erhebt Ansprüche auf die Herrschaft, weil sein Bruder ohne männlichen Nachkommen geblieben ist. Die Frauen seien nicht fähig, das Land zu regieren. Am Tag der Gerichtssitzung erblickt König Karl am Ufer (in Konrads literarischer Geographie mündet hier der Rhein ins Meer) ein Wunder: Ein Schwan naht heran und zieht an einer Leine ein Schiff hinter sich her, in dem ein Ritter in Schlaf versunken liegt. Karl und sein Gefolge eilen zum Ufer, um den fremden Ritter in Empfang zu nehmen. Dieser entsteigt dem Schiff und gebietet dem Schwan, umzukehren und erst dann wiederzukommen, wenn er ihn rufe. Auf der Burg nimmt der fremde Ritter neben Karl Platz und wird Zeuge der Gerichtsverhandlung. Karl gibt zwar der Herzogin Recht, aber der Sachse verlangt einen Zweikampf mit einem Vertreter der Frauen. Der Kampf soll entscheiden, wer über Brabant herrschen darf. Die Tochter der Herzogin rührt durch ihre Klage die Ritter zu Tränen, aber keiner erklärt sich bereit, die Sache der Damen zu vertreten. Da bietet sich der Schwanenritter an, tritt dem Herausforderer entgegen und kann den Kampf für sich bzw. die Damen entscheiden. Der Schwanenritter heiratet die Tochter der Herzogin und wird damit selber Herrscher über das Land. Allerdings hat der kühne Held vor der Heirat eine Bedingung gestellt: Man darf ihn nicht nach seiner Herkunft befragen. Das Paar bekommt Kinder. Als die Sprösslinge heranwachsen, bittet ihn die Ehefrau nun aber doch, seine Herkunft preiszugeben, um den Kindern ihre Identität zu sichern. Daraufhin nimmt der Schwanenritter Abschied, besteigt das Schiff, mit dem er einst gekommen war, und ward nie mehr gesehen. Aus seiner Nachkommenschaft aber rekrutieren sich verschiedene Adelsgeschlechter; unter anderen auch das Geschlecht der Grafen von Kleve.

Einige Teile von Konrads Text sind verlorengegangen. Sie sind aber aus den vielen Erzählungen, die von der Schwanenrittersage im Umlauf waren, mühelos rekonstruierbar. Für die Stadt Kleve und ihre Tradition der Schwanenrittersage hat die Version Konrads entscheidende Bedeutung, weil sie das Klever Grafengeschlecht literarisch mit der Sage in Verbindung bringt. Das dürfte mit den Auftraggebern zusammenhängen. Im Mittelalter schrieben Dichter meist nicht aus eigenem Antrieb ihre Geschichten auf, sondern in Bezug auf einen bestimmten Mäzen, der ihre Arbeit finanzierte. Konrad von Würzburg wird die Schwanenrittersage aufgeschrieben und auf die Klever Grafen gemünzt haben, weil er mit diesen um das Jahr 1256 in Kontakt gekommen sein wird. Präzise hat die Forschung den Zusammenhang nicht ermitteln können.

Mit einer gewissen Wahrscheinlichkeit wurde Konrad von seinem Wohnort Würzburg an den Niederrhein eingeladen und hat in Kleve ein oder auch zwei Jahre verbracht. Die Schwanenrittererzählung, die er noch in Bayern zu Papier brachte, könnte eine Art Huldigung an seine Klever Gönner gewesen sein. Möglich ist aber auch, dass seine bayerischen Förderer ihrerseits Beziehungen zum Klever Geschlecht unterhielten und Konrad selber nie am Niederrhein war. Das ist heute durch die Quellen nicht mehr eindeutig zu klären. Entscheidend aber ist, dass er das Geschlecht der Klever Grafen auf die Abstammung von den Kindern des Schwanenritters zurückführt und ihnen den Schwan als Wappen zuspricht. Damit hat Konrad eine Abstammungslinie literarisch verarbeitet, die sich die Klever Grafen mündlich bereits zugeschrieben hatten; wohl deshalb, weil sie mit Brabant verwandt waren und ihr Geschlecht durch die mystische Herkunft aufwerten wollten.

Konrad von Würzburg gehört zu den bedeutendsten Dichtern seiner Zeit. Er wurde um das Jahr 1235 in Würzburg geboren und schrieb eine Reihe von Versepen, Verserzählungen und Lieder. Sein herausragendes Werk dürfte der Trojaroman sein. Darin beschreibt er die Geschichte des Trojanischen Krieges, wie sie von den antiken Dichtungen der Ilias und Ovids überliefert worden sind. Konrad schrieb in deutscher Sprache; in einer Sprachform, die wir heute das Mittelhochdeutsche nennen. Damit bezeichnen wir im Gegensatz zum heute gültigen Neuhochdeutschen die Entwicklungsstufe des Deutschen zur Zeit des hohen Mittelalters, also etwa zwischen 1100 und 1400.

Die Schwanenrittergeschichte liest sich im Original folgendermaßen:

> Der künec blicte neben sich
> aldurch ein venster wünniclich:
> dô spürte er daz ein wîzer swan
> flouc ûf dem wazzer dort herdan
> und nâch im zôch ein schiffelîn
> an einer keten silberîn,
> diu lûter unde schône gleiz.
> der vogel sich des harte fleiz
> daz er die cleinen arken
> gezüge ab dem vil starken
> wilden wâge unmâzen tief.
> ein ritter in dem schiffe slief. [1]

Eine mögliche Übersetzung lautet:

> König Karl blickte durch ein Fenster und wunderte sich, als er unten am Wasser einen weißen Schwan entdeckte, der an einer silbernen Kette, die in der Sonne funkelte, ein Boot hinter sich her zog. Der Vogel mühte sich sehr, das Boot durch die Wellen zu ziehen. In dem Boot schlief ein Ritter.

Konrads Stilistik wurde nicht nur von den Zeitgenossen bewundert. Auch heute noch gilt er den Literaturwissenschaftlern als Meisterdichter. Sollte die Annahme stimmen, dass die Klever Grafen ihn für ein Jahr oder länger auf ihre Burg geholt haben, dann hätte der große Poet um das Jahr 1256 herum den Niederrhein also kennen gelernt. Verbürgt ist, dass er später nach Basel zog, eine Familie gründete und dort 1287 verstarb.

Bereits vor der Mitte des Jahrhunderts trugen die Klever einen Karfunkel im Wappen, Symbol des Schwanenritters. Historiker vermuten, dass er anlässlich der Hochzeit eines Klever Grafen mit einer Adeligen aus Brabant im Jahre 1233 dort eingefügt worden sein könnte. Konrad hätte dann gerade zur rechten Zeit dieses genealogische Selbstverständnis literarisiert. Offenbar mit großer Nachhaltigkeit. Denn im Jahre 1330 wurde das Grabmal eines bereits im 12. Jahrhundert verstorbenen Klever Grafen mit einem Schwanensymbol versehen. Im Jahre 1440 wurde dann der Schwanenturm gebaut, der eine entsprechende Wetterfahne auf seiner Spitze geführt haben soll.

Den rechten Schwung verliehen hat der Abstammungsgeschichte wiederum ein Literat: Gert von der Schuren. Der Schriftkundige verfasste 1471 im Dienste der Klever Grafen eine Chronik, in der er die Schwanenrittergeschichte darstellt. Allerdings etwas anders als Konrad. Bei Gert verliebt sich eine Herrin aus Kleve, die auf der Burg von Nimwegen residiert, in den Schwanenritter, der dann als ihr Gemahl verschiedene Kämpfe siegreich besteht. Der Kaiser Theodisius erhebt dann das Land zur Grafschaft und übergibt es dem Schwanenritter als Lehen. Damit wird er der erste Graf von Kleve. Ausdrücklich weist Gert darauf hin, die Geschichte in der Weise zu erzählen, wie die Herren der Klever Burg sie selber dazustellen pflegen. Überdies stellt er eine Wappengeschichte aller Klever Grafen und Herzöge auf, an deren Beginn er den mystischen Schwanenritter setzt.

Stützen konnten sich sowohl Gert wie zuvor schon Konrad auf eine lange und vielfältige literarische Tradition. Ihr Ursprung scheint in den Chansons de geste zu liegen. Dies sind Heldenlieder des hohen Mittelalters in französischer Sprache. Der erste deutsche Dichter, der die Sage aufgreift, ist Wolfram von Eschenbach (um 1160/80-um 1220). Im Anhang seines gewaltigen „Parzival"-Epos erklärt Wolfram den Schwanenritter zu einem Sohn Parzivals, der den heiligen Gral hütet. Er nennt ihn Lohengrin und lässt ihn ebenfalls in einem Boot, das von einem Schwan gezogen wird, nach Brabant kommen, allerdings nach Antwerpen. Dort heiratet Lohengrin die Herzogin und herrscht über das Land. Der Zweikampf um die Erbfolge fehlt in dieser Version. Nachdem seine Frau die unerlaubte Frage gestellt hat, verschwindet Lohengrin wieder und hütet fortan den Gral. Auch in späteren Literarisierungen des Stoffs wird der Held Lohengrin heißen.

Damit bildet Wolfram die Vorlage für die heute berühmteste Adaption der Sage: die Lohengrin-Oper von Richard Wagner aus dem Jahre 1850. Darin erträumt die Brabanter Königstochter Elsa, die des Brudermords geziehen wird, einen Verteidiger, der in Person des Schwanenritters tatsächlich erscheint und ihre Unschuld im Kampf mit dem Ankläger, der selber gerne König von Brabant würde, beweist. Dessen Ehefrau schürt aus Rache Misstrauen, worauf sich Elsa zur verbotenen Frage hinreißen lässt. Der Schwanenritter gibt sich als Gralshüter Lohengrin zu erkennen, Sohn Parzivals, und verschwindet. Der scheinbar ermordete Bruder taucht wieder auf und wird rechtmäßiger König von Brabant. Es ist vor allem diese monumentale Oper, gern gespielt auf unseren Bühnen, die den Stoff bis zum heutigen Tage wach gehalten hat.

Die Geschichte vom Schwanenritter ist ein Musterbeispiel für die Funktionalisierung literarischer Stoffe zu politischen Zwecken. Überdies spiegelt er die tiefe Sehnsucht der Menschen nach Gerechtigkeit und einer Kraft wider, die sie gegen alle Widerstände in ihr Recht setzt. Wie man die soziologische und historische Bedeutung der Legende auch beurteilen mag, für den heutigen Leser der Erzählung bleibt der entscheidende Gewinn bestehen: es ist eine zu Herzen gehende Geschichte, voller Emotionen, durchzogen von Weltkritik und Gottvertrauen.

Anmerkungen:

(1) Konrad von Würzburg: Der Schwanritter, a.a.O.

Literatur:

Konrad von Würzburg: Der Schwanritter; in: Ders., Das Herzmaere und andere Verserzählungen, nach den Textausgaben von Eduard Schröder übersetzt und herausgegeben von Lydia Miklautsch, Reclam, Stuttgart 2016.

Brunner, Horst: Konrad von Würzburg; in: Walther Killy (Hrsg.): Literaturlexikon, Bertelsmann, München 1990, Bd. 6, S. 487ff.

Ruland, Wilhelm: Rheinsagen, Stollfuß-Verlag, Bonn 1989.

Schnütgen, Wiltrud: Literatur am klevischen Hof, Boss-Verlag, Kleve 1990.